DR. CAMILO CRUZ

CLIENTES
PARA TODA
LA VIDA

TALLER DEL ÉXITO

Publicado por:
Taller del Éxito, Inc.
1669 N.W. 144 Terrace, Suite 210
Sunrise, Florida 33323
Estados Unidos
www.tallerdelexito.com

Editorial dedicada a la difusión de libros y audiolibros de desarrollo y crecimiento personal, liderazgo y motivación.

Corrección de estilo: Miriam Cristy León Acosta
Diseño de cubierta y diagramación: María Karla Castellanos
Dirección de arte: Diego Cruz

ISBN: 9781607388289

25 26 27 28 29 R|GIN 06 05 04 03 02

CONTENIDO

INTRODUCCIÓN

Todas las respuestas que buscas están en tu interior

Ni el caos ni los conflictos reinantes en el momento parecían molestar a los cientos de comerciantes, transeúntes y compradores que acudían a aquella pequeña población desde todos los rincones de la región, atraídos por la gran variedad de productos que llegaban allí, provenientes de los cuatro puntos cardinales. Como todos los fines de semana, era posible encontrar variedad de productos artesanales, mercaderías, géneros, curiosidades y efectos de dudosa utilidad, junto con el producto de las cosechas de la temporada, y por supuesto, la plaza de mercado se encontraba atiborrada con la gran cantidad de mercaderes, comerciantes y vendedores que se daban cita para ofrecer sus mercancías.

Como un característico día de mercado, se percibía el agitado ir y venir de la gente, la diversidad de atuendos y ropajes y el bullicio de la multitud, que daban al lugar un ambiente festivo del cual era difícil escapar, donde el aroma dulzón proveniente de la gran variedad de frutos, condimentos y especias se entremezclaba con el olor penetrante del ganado y las cabras, creando una atmósfera donde en ocasiones se dificultaba respirar.

Aun así, cada semana, José quien vivía no muy lejos del lugar, llegaba al mercado con su gran deseo de aprender; allí pasaba horas enteras observando la destreza y habilidad con que muchos de estos vendedores ofrecían sus productos. Más que cualquier otra cosa en el mundo, él soñaba con ser un gran vendedor y mantener sus clientes siempre fieles a sus productos y sus servicios; por eso, le atraía la independencia y autonomía con que trabajaban los comerciantes que veía. Era un deseo que albergaba en su corazón desde la niñez, cuando su padre llegó a ser uno de los mercaderes más famosos y respetados de la región. Desde aquel entonces había tomado la firme decisión de no conformarse con un trabajo mediocre, como tantos de sus amigos.

"Dentro de ti hay un gigante, capaz de alcanzar cualquier cosa que te propongas. Sin embargo, solo hasta que tú creas esta verdad sin ningún cuestionamiento, aceptes la inmensidad de tu ser y no dudes de tus capacidades, podrás ver este gigante en acción". Lo anterior, era algo que su padre le había repetido una y otra vez desde pequeño.

José, a pesar de no estar totalmente seguro de poseer aquellas cualidades que su padre veía en él, sí estaba seguro que le deseaba lo mejor y que sus palabras solo buscaban animarlo. Por tal razón, semana tras semana, se paseaba por el mercado, admirando el arte y la destreza con que cada uno de estos vendedores ofrecía sus mercancías, respondía a las objeciones de sus clientes, negociaba sus precios, y al final de ese ir y venir cerraba un trato que parecía dejarlo satisfecho, tanto a él como a su cliente.

Aunque José no creía ser una de esas personas con tantas capacidades y habilidades, sí estaba dispuesto a aprender y estudiar el arte de las ventas para comenzar a crear su propia fortuna.

Lo que no imaginaba era que en aquel fin de semana, él encontraría lo que había estado buscando por tanto tiempo. Y el maestro encargado de enseñarle la gran lección no sería uno de los tantos vendedores que a diario observaba, sino un forastero, un hombre entrado en años, a quien no había visto antes. No era un mercader y no traía consigo ningún producto que ofrecer. Sin embargo, él sería el encargado de ayudarle al joven aspirante a vendedor a descubrir lo que su padre había intentado ayudarle a ver, pero que solo hasta ese momento José pudo reconocer.

Sí, como ya se había dicho, una fría noche, entrado ya el invierno, había llegado aquel anciano de apariencia apacible y un tanto misteriosa, y se había hospedado en una humilde posada en las afueras del pueblo. Cada semana se le veía caminar por entre los comerciantes y viajeros, saludando y hablando con todos con tal familiaridad que quien no fuese del pueblo juraría que debía ser una figura prominente y de mucha influencia en el lugar. José, quien creía reconocer muy bien a la gran mayoría de los habitantes de aquella pequeña población, estaba seguro de no haberlo visto antes.

Hacia el mediodía, el anciano se había ubicado bajo un gran árbol que se encontraba en la mitad de la plaza. Sus ramas cobijaban una buena parte de aquella explanada, por lo cual los comerciantes venían a resguardarse bajo su sombra de la inclemencia del sol.

De repente, el hombre se incorporó y habló en voz alta y firme, pero sin gritar, llamando la atención de quienes se encontraban a su alrededor para que se acercasen. Las personas que allí se encontraban presentes gravitaron hacia el anciano, quizás atraídas por su figura un tanto enigmática. No había nada extraño en su atuendo o su apariencia, pero se percibía en él una calma y serenidad que contrastaba con el desasosiego e intranquilidad que solía caracterizar a la mayoría de los comerciantes. Su voz era suave pero sonora, e inspiraba confianza. De alguna manera, no se le sentía como un extraño sino como alguien que siempre había sido parte de aquel lugar. El muchacho, quien estaba a unos pasos de él, trató de reconocerlo sin mayor éxito. Ciertamente no parecía ser uno de los muchos compradores que llegaban al pueblo temprano en la mañana y partían de nuevo ya entrada la noche o al día siguiente.

Usualmente, los vendedores ignoraban esta clase de llamados ya que era práctica común entre muchos de ellos, poner sus mercancías en algún lugar y luego tratar de llamar la atención de los demás hacía su puesto, gritando, cantando y haciendo cuanto fuera necesario.

Después de unos minutos se juntaron un par de decenas de personas a su alrededor, dispuestas a escuchar lo que el forastero tenía que decir. Como quien comparte con un grupo de amigos en la intimidad de su hogar, el hombre comenzó a hablar con tal familiaridad que los allí presentes dejaron de un lado lo que les ocupaba y se dispusieron a prestarle su total atención.

—"He tenido la buena fortuna de recorrer y visitar grandes ciudades en tierras desconocidas para la mayoría de ustedes; diversidad de parajes que asombran por su colorido y belleza, pequeños caseríos y pueblos como este, llenos de gran vitalidad y comercio.

Quiero comentarles que aunque son pueblos, caseríos o lugares diferentes, en todos ellos encuentro lo mismo. Personas que con frecuencia llegan al mercado con la esperanza de vender el fruto de sus cosechas, la leche o la carne que han producido sus hatos y rebaños, todos tratando de conseguir lo suficiente para subsistir, mantener a sus familias y quizás tener algo de sobra, que sea el comienzo de su pequeña fortuna personal. Y tan enfocados están en esa pequeña fortuna que desean construir para dejar de herencia a sus hijos, que no han visto la gran fortuna que se encuentra frente a ellos".

—"Bueno, ve al grano y dinos qué estás vendiendo para poder continuar con nuestros quehaceres", interrumpió abruptamente uno de los allí presentes.

—"No te apresures, por lo que quiero venderte no vas a tener que pagar un solo centavo".

—"En tal caso, dame una docena y déjame continuar con mi trabajo a ver si puedo vender mi carga, para poder comprar algunas cosas y regresar al rancho a preparar la venta de la próxima semana", respondió el hombre, en forma burlona.

—"Ese es precisamente el problema al cual me refería anteriormente. La gran mayoría de ustedes están concentrados solo en vender su pequeña carga y conseguir lo suficiente para producir otra pequeña carga que puedan vender a la semana siguiente. Y qué pasa, el tamaño de la carga nunca aumenta, el producto de las ventas tampoco aumenta, los años pasan, el cuerpo ya no responde igual que cuando éramos jóvenes y el trabajo es cada vez más arduo. ¿Quién de ustedes se ha sentido de esta manera alguna vez?".

"¿Qué responderías si te dijera que el mejor vendedor del mundo quisiera trabajar para ti, vendiendo toda tu carga al mejor precio posible; está listo para ayudarte a duplicar la producción de tu tierra, y que está dispuesto a trabajar para ti absolutamente gratis?"

Nadie profirió palabra alguna, pero las miradas evasivas de los presentes y un silencio general que pareció durar una eternidad lo dijo todo. José escuchaba con mucha atención, presintiendo que quizás en las palabras de este hombre se encontraba la respuesta a muchos de sus interrogantes.

—"Diría que estás loco", gritó un hombre, provocando risas y burlas entre los demás.

—"¡Ah! Pero esa persona existe. Es más, yo sé que si les dijera que la puedo traer a trabajar para ustedes mañana mismo, me pedirían que me asegurara que dicha persona cuenta con esta o aquella habilidad, ya que cada una de sus actividades demanda habilidades y destrezas especiales, ¿no es cierto?

De poco sirve un herrero en la cosecha del trigo, o un segador al momento de esquilar las ovejas. Cada labor requiere ciertas habilidades que no pueden ser improvisadas o ignoradas".

—"Permíteme hacerte una pregunta", repuso el anciano, dirigiendo su mirada hacia un hombre que se había sentado muy cerca de él, y quien parecía estar disfrutando de sus palabras: —"Si pudieras escoger las habilidades de esta persona, ¿qué destrezas quisieras que tuviera este individuo que va a trabajar gratis para ti por el resto de tu vida? Si pudieras dotarla de cualquier aptitud o habilidad, ¿qué capacidad quisieras que ella poseyese?"

—"Que sea hábil y astuto para los negocios", respondió el hombre con convicción.

—"Muy bien", dijo el anciano, y procedió a escribir estas cualidades en la tierra, con una rama seca que encontró a su lado.

—"Que sea honesto", dijo otro.

—"¡Leal y fiel!"

—"¡Trabajador!", repuso un pastor que se había detenido allí con su pequeño rebaño.

—"¡Entusiasta!", gritó José ansioso de descubrir hacia dónde iba aquel hombre con todo esto.

—"¡Disciplinado!"

—"Constante", repuso una mujer.

—"Bueno", se aventuró a decir un niño que había llegado allí atraído por la gritería.

Y así, la gente continuó describiendo las cualidades de este supuesto trabajador inmejorable, inspirada por la pequeña conmoción que se había suscitado.

Perseverancia… gratitud… decisión… una tras otra continuaron surgiendo más y más cualidades hasta que poco a poco el furor pareció apagarse. Cuando la gente finalmente calló y no encontraron más atributos de los cuales dotar a aquel vendedor ideal, el anciano pidió a las personas que se reunieran alrededor de todo aquello que él había escrito en el suelo.

—"¿Lo ven? Aquí están todas las aptitudes, habilidades y destrezas que les gustaría ver en este vendedor ideal.

¿Cuántos quisieran verdaderamente tener a esta persona trabajando para ustedes?" Todos asintieron.

—"¿Cuántos creen que una persona con estas cualidades puede triunfar en cualquier trabajo que emprenda?" Nuevamente la aprobación fue general.

—"Es más", preguntó el anciano: —"¿quiénes quisieran poder poseer estas aptitudes?" Esta vez, la aprobación fue aún mayor.

Entonces el anciano calló por un momento, recorrió con sus ojos las miradas expectantes de los mercaderes, mujeres y niños que esperaban ansiosamente la siguiente palabra. Y después, suavemente, como en un murmullo, dijo:

—"Ustedes ya poseen todas estas cualidades. Este vendedor ideal al cual me he referido ya existe en cada uno de ustedes".

La muchedumbre pareció desconcertada ante aquella aseveración. Fue como si a pesar de lo que tal afirmación representaba, en lugar de ser recibida como una buena nueva, llena de esperanza, hubiese sido una mala noticia. Nadie supo qué responder hasta que, armado de todo el valor del mundo, José se atrevió a decir:

—"Si es cierto, como dices, que todos contamos con esas aptitudes, ¿por qué entonces, como bien observabas hace un momento, todos estamos apenas subsistiendo?"

—"Buena pregunta", repuso el anciano, sonriendo, mientras se acercaba a José. —"El problema no es que ustedes no las tengan, sino que no las utilizan. Pero todos y cada uno, desde el más joven hasta el más viejo, ya poseen, en mayor o menor grado, cada una de estas cualidades".

Este argumento siguió sin convencer a ninguno de los presentes. Por su parte, José, comenzaba a apreciar cómo algunas de las aseveraciones de este hombre empezaban a tener sentido.

Viendo la incertidumbre de la audiencia, el hombre se incorporó y con una actitud firme, como la de un padre a punto de enseñarle una lección de vida a un hijo, trazó con la rama seca que tenía en la mano un gran círculo alrededor de todas aquellas cualidades que había escrito en el suelo.

—"Les voy a probar que lo que estoy diciendo es verdad", gritó para asegurarse que todo el mundo lo escuchara. —"Quiero leer cada una de estas cualidades que ustedes identificaron como los atributos del trabajador ideal. Recuerden que ustedes mismos han dicho que aquella persona que las posea podría triunfar en cualquier actividad.

Cuando lea cada una de ellas quiero que alguien de ustedes me detenga cuando mencione una que crea no poseer. Si considera que esa cualidad no está presente en su interior, así sea en menor grado, déjenmelo saber".

Una por una, el anciano leyó más de veinte virtudes que la muchedumbre había identificado sin que nadie le detuviera mientras leía.

El hombre estaba en lo cierto. José sintió su cuerpo estremecerse ante lo que esto significaba. Mientras aquel extraño leía estas cualidades, él pudo ver que las poseía todas. Quizás hubiese querido tener algunas de ellas en mayor medida, pero el hecho era que las poseía, se encontraban dentro de él. Hasta ese momento había estado buscando el secreto del éxito en los actos y forma de ser de aquellos vendedores que secretamente consideraba maestros de su profesión. Sin embargo, nunca pensó buscarlo dentro de sí mismo.

Pero si estas cualidades en realidad se encontraban presentes en su interior, ¿qué lo detenía para utilizarlas?

¿Por qué no las sentía como propias? ¿Por qué razón no hacía uso de ellas para alcanzar sus metas y vivir la vida de abundancia y felicidad que deseaba?

Poco a poco la multitud se fue dispersando, unos absortos y pensativos, otros aún desconcertados y algunos indiferentes ante lo que habían escuchado.

Pero José que sí lo había escuchado, se acercó al anciano, cuando ya estaba por marcharse, dispuesto a compartir con él lo que sentía en su interior, lleno de preguntas e inquietudes.

Pero antes que pudiese abrir la boca, el anciano le dijo: *todas las respuestas que buscas están en tu interior.*

—"Mi nombre es José", respondió él. "Por largo tiempo he venido a esta plaza cada semana con la esperanza de..."

—"¿De aprender cómo ser un gran vendedor?", repuso el anciano, como si hubiese leído su mente.

—"¿Cómo lo supo usted?", respondió extrañado José. "¿Ha hablado usted con mi padre?"

—"José, a pesar de no haberte conocido antes, es fácil ver en tu cara que estás buscando con ansiedad a esa persona que acabo de describir. También puedo ver que por primera vez, hoy crees que ella puede encontrarse en tu interior. Porque lo cierto es que lo que has venido buscando en otras personas, ya se encuentra dentro de ti. ¿Entiendes lo que te estoy diciendo?

José asintió, aunque sin mucha convicción.

—"Déjame contarte una historia", repuso el hombre.

Hace algún tiempo, en un reino, no muy lejos de estas comarcas, sucedió que un día la reina se quitó un hermoso collar que tenía puesto, para darse un baño. Con mucho cuidado lo dejó sobre la mesa, pero no advirtió que la ventana estaba abierta. Atraído por el resplandor de la hermosa joya, un cuervo entró en la habitación, tomó el collar y salió volando.

La historia cuenta que la torpe ave se lo llevó hasta un árbol donde intentó comérselo y cuando vio que no le gustaba, lo dejó en una rama.

Mientras tanto, la reina estaba desesperada. Su collar favorito había desaparecido. Cuando el rey volvió, la encontró llorando desconsolada.

Él le ofreció comprar un collar mejor, pero ella le respondió que ningún otro collar podría sustituir aquella joya. Quería su collar de vuelta y deseaba que el rey hiciese cuanto fuera para lograrlo. Así que el rey ofreció una recompensa a quien lo encontrara.

Algunos lo buscaron pero no pudieron hallarlo, así que el rey ofreció una recompensa mayor. Más gente se unió a la búsqueda, pero seguían sin localizarlo. Desesperado, el monarca anunció que daría la mitad de su reino a quien lo encontrara, y todo el mundo se puso en la tarea de buscarlo.

Cerca del palacio había un canal lleno de agua sucia, y bajo un árbol, alguien vio el reflejo del collar en el agua, así que se quitó la ropa y se tiró al canal. Cuando otros le vieron, sospecharon que había encontrado el collar e hicieron lo mismo, luchando por ser los primeros en localizarlo. Poco después, algunos guardias que pasaban por allí, vieron lo que ocurría y se les unieron. El jefe de la guardia del rey, que también pasaba por aquel lugar, hizo lo mismo, esperando ser él quien se hiciera con el collar. Pero nadie podía encontrarlo.

Todos veían que la imagen seguía allí, así que concluyeron que era solo un espejismo. Algunos, frustrados abandonaron la búsqueda y se marcharon. Otros continuaban sumergiéndose una y otra vez, y otros más decidieron sentarse en la orilla a esperar que algo sucediera.

Un hombre sabio que iba caminando por allí les preguntó:

—"¿Por qué saltan todos a esa agua sucia?"

—"Estamos buscando un collar que ha perdido la reina y por el cual el rey ha ofrecido una gran recompensa".

—"¿Qué les hace pensar que está en el fondo de esas aguas malolientes?"

—"Podemos verlo desde fuera del agua pero debido a la suciedad del agua no podemos encontrarlo".

El hombre rió al escuchar esto y les dijo:

—"Lo que están buscando no está en el agua, sino arriba, en el árbol. Lo que ven en el agua es solo un reflejo".

—"¿Ves José?", continuó el anciano, —"la mayoría de nosotros hacemos lo mismo. *El éxito y la felicidad auténticos están dentro de nosotros*, pero los buscamos fuera. Tratamos de encontrarlo en las aguas turbias de este mundo. Mucha gente se quita la ropa y salta al agua oscura con la esperanza de encontrar aquello que los haga exitosos y felices. Pero muy pocos se dan cuenta que aquello que con tanta ansiedad buscan, ya se encuentra dentro de ellos.

Tú buscas con impaciencia en el comportamiento de los demás comerciantes la clave que esperas te convierta en el mejor vendedor y más rico del mundo. Sin embargo, ese gran vendedor ya existe dentro de ti. *Esas cualidades que tanto anhelas aprender de otros ya están en tu interior. Lo único que necesitas hacer es reconocerlas, reclamarlas y desarrollarlas.*

Todas las cualidades que tú y las demás personas identificaron hace un momento existen en tu interior. Pude ver en tus ojos que el reconocimiento de esta verdad te sorprendió y te despertó a una nueva realidad.

Así que anda tranquilo, lo que tanto buscabas ya lo has encontrado. Comienza hoy mismo a comportarte como poseedor de dichas cualidades y verás cómo, poco a poco, la vida que tanto anhelas se va haciendo realidad".

Camino a casa, ya entrada la tarde, José reflexionaba sobre la gran sabiduría que encerraban las palabras que había escuchado. Era como si aquel extraño le conociera y hubiese estado hablándole solo a él; como si hubiese podido leer su mente y percibir sus deseos más profundos, sus dudas, sus frustraciones...

A la mañana siguiente se despertó todavía pensando en las palabras de aquel anciano.

Al transcurrir el día, la respuesta a sus inquietudes comenzó a hacerse cada vez más clara. Si estas aptitudes ya residían dentro de sí, el primer paso debía ser aceptar la nueva realidad y comenzar a actuar de acuerdo con ella.

José comenzó a advertir cómo el solo hecho de saberse poseedor de estas cualidades había comenzado a destruir los temores y dudas que no le habían permitido actuar anteriormente.

Durante un par de horas, el joven recapacitó acerca de todo lo que debía aprender para convertirse en un gran vendedor. Decidido a descubrir el camino para lograrlo se dirigió a la posada donde había visto entrar al anciano la tarde anterior. Tenía muchas preguntas y estaba seguro que él tenía las respuestas.

Saludó al conserje y, sin perder tiempo, le preguntó dónde podía encontrar a aquel hombre.

—"Sé de quién me hablas", respondió el hombre; —"sin embargo, él partió muy de mañana, y no podría decirte con seguridad en qué dirección se marchó".

Desconcertado ante la noticia pensó en salir por alguno de los caminos principales con la esperanza de encontrarlo. —"¿Sabe usted cuál es su nombre, o de qué región provenía?", preguntó con ansia.

—"No sé nada de él. Todo el tiempo que estuvo en el albergue, lo pasó solitario en el jardín, con la excepción de las cortas visitas que hizo al mercado.

José no podía ocultar su tristeza. Hubiese querido hablar con él, compartir sus metas, buscar claridad en cuanto a lo que quería lograr, pero había llegado demasiado tarde. Ahora se preguntaba si había algo que aún pudiese hacer…

Nada podía haberlo preparado para lo que ocurriría después.

Cuando se disponía a salir del albergue, el conserje le dijo: —"es posible que esté equivocado, pero creo que antes de marcharse, aquel anciano dejó algo para usted".

—"¿Para mí?", preguntó José con sorpresa. "Debes estar equivocado. No creo que él supiera que yo vendría esta mañana".

—"Antes de salir", prosiguió el tendero, —"el anciano me pidió que le entregara esto a la persona que viniera preguntando por él durante la mañana. Pronto será mediodía y nadie más ha venido inquiriendo por él".

Extendiendo la mano el tendero entregó a José un pequeño cofre de madera.

Este lo tomó sin vacilar y partió hacia su casa apresuradamente. ¿Cómo sabía aquel hombre que él iría a buscarlo aquella mañana? ¿Qué contenía esta caja? Sin esperar a llegar, abrió rápidamente el pequeño cofre y en su interior descubrió un viejo pergamino con letras apenas legibles. Abriéndolo con cuidado, José pudo leer en la parte superior del manuscrito la siguiente inscripción: *Diez recomendaciones para ser un excelente vendedor.*

Su corazón latía precipitadamente. No podía creer lo que tenía en sus manos. Comenzó a leer con rapidez sin sospechar cómo estos escritos cambiarían su vida. Nunca se imaginó que en ellos encontraría los secretos que tantas mañanas vino a buscar en la plaza del mercado.

"Nunca más supe de aquel hombre. Sin embargo, las enseñanzas de ese día, y los principios que descubrí en aquellos pergaminos fueron el comienzo de una nueva vida para mí. Desde ese momento ya no fui la misma persona. De repente, tuve una gran claridad acerca de las fallas de mi pasado y de las grandes oportunidades que se encontraban frente a mí. Por primera vez tuve la certeza de poseer las aptitudes y destrezas necesarias para aprovechar todas las oportunidades que la vida pusiera en mi camino.

Después de aplicar cada uno de estos principios con disciplina y constancia logré alcanzar el éxito que siempre había anhelado. Ellos fueros la base para triunfar en todas las áreas de mi vida, no solo en el campo de las ventas. Gracias a ellos, con el tiempo, llegué a ser conocido como el exitoso vendedor que soy. Por esa razón, desde entonces siempre he buscado compartirlos con todo aquel que desee construir una carrera productiva y exitosa en esta hermosa profesión.

Aquel anciano, al igual que mi padre, sabía quizás el principio más grande del éxito: *dentro de cada uno de nosotros yace un gigante adormecido, poseedor de grandes cualidades, talentos y virtudes.* Un gigante que solo espera ser despertado para trabajar para nosotros en el logro de nuestros sueños y metas más ambiciosas.

Pon en práctica todas estas recomendaciones, y podrás lograr cada meta que tengas, por imposible que hoy pueda parecerte. Hazlo con perseverancia y entusiasmo, así llegarás a convertirte en un excelente, exitoso y talentoso vendedor".

Nota del autor:

No me cabe la más mínima duda que todas estas notas, principios o recomendaciones son el camino hacia la construcción de una carrera altamente productiva en el campo de las ventas. Estos principios son tan válidos hoy, en el gran mercado global del siglo XXI, como cuando José tuvo la oportunidad de leerlos por primera vez, hace ya largo tiempo, en aquella pequeña población perdida en algún lugar de nuestro continente.

En los siguientes capítulos encontrarás aplicaciones prácticas de cada uno de ellos. De igual manera descubrirás ejemplos de personas y empresas que han logrado cosechar grandes beneficios como resultado de seguir dentro de su gestión, sus prácticas y su labor, los principios y las recomendaciones de las que estamos hablando.

CAPÍTULO 1

Incluso sin creer que estamos vendiendo, lo estamos haciendo

---◆◆◆---

Recomendación No. 1

Todos somos vendedores. Seamos conscientes o no de ello, todos estamos vendiendo constantemente, ya que vender no se limita a la oferta de un producto; también incluye el ofrecimiento de servicios, ideas, talentos o habilidades. La única diferencia entre el gran vendedor y el vendedor promedio es que el primero está dispuesto a hacer todo lo que el segundo no haría.

Para iniciar nuestro recorrido a lo largo de estas páginas con el fin de contar al final con las herramientas para sobresalir en el campo de las ventas, veamos cómo define el diccionario de la Real Academia Española de la lengua la palabra vender: "traspasar a alguien por el precio convenido algo que uno posee", o "exponer u ofrecer mercancías para quien las quiera comprar".

Es obvio que estas definiciones están limitadas en su enfoque a sus aplicaciones puramente comerciales y mercantiles. Sin embargo, el diccionario ofrece otros sinónimos para la palabra vender. Transferir: "pasar o llevar algo de un lugar a otro, ceder el dominio o atribución sobre algo"; persuadir: "inducir a alguien con razones a creer o hacer algo"; exponer: "presentar algo para darlo a conocer o explicar el sentido y la importancia de un concepto difícil de entender" y, convencer: "mover con razones a alguien para hacer algo, tomar decisiones o cambiar un comportamiento".

Estas definiciones alternas nos permiten concebir el proceso de las ventas desde una perspectiva mucho más amplia, donde vender no se limita al ofrecimiento de productos o mercancías, sino que incluye la oferta de servicios, ideas, destrezas y otros beneficios no tangibles, pero bajo la convicción de que el cliente cuando acepta la oferta está convencido y seguro de que su decisión fue la mejor y se siente satisfecho con ella.

Teniendo esto en cuenta, *es posible aseverar que, seamos conscientes o no de ello, todos somos vendedores.* Todos estamos vendiendo constantemente. Si buscamos nuevas oportunidades de trabajo, tenemos que encontrar la mejor manera de ofrecer, mercadear y vender nuestros talentos y habilidades profesionales; dicho de otra manera, convencer y persuadir a nuestro posible empleador —quien, en tal caso, es nuestro cliente—.

El empresario independiente que comparte una oportunidad de negocio con otras personas, está vendiendo y sus ingresos dependen de lo bien que lo haga. Los padres están constantemente vendiendo a sus hijos la idea de adoptar los valores y principios que creen que serán de mayor beneficio para su éxito personal.

Inclusive cuando no creemos que estamos vendiendo, lo estamos haciendo. Por ejemplo, preocuparnos por nuestro vestido y apariencia personal antes de una cita con un amigo; arreglarnos y ofrecer nuestra mejor cara; repasar cuidadosamente aquello que vamos a presentar a un grupo de colegas; asegurarnos de ofrecer un buen saludo y dar una buena impresión cuando conocemos a alguien, ¿qué significa?, ¿por qué lo estamos haciendo? Pues bien, si lo analizamos, podríamos concluir que queremos "vender" una excelente imagen de nosotros, "presentarnos" como personas seguras de sí mismas, "mostrarnos" como personas cordiales y agradables para lo demás; y todas son actividades que forman parte del proceso de las ventas. Así que, como ves, siempre estamos vendiendo.

Entonces la cuestión no es si eres o no vendedor, sino si eres bueno o malo vendiendo. Porque que vendes, ¡vendes! Hago énfasis en esto, porque muchas personas se pueden estar preguntando si deberían estar o no leyendo un libro sobre ventas.

Como seguramente ya te hiciste la pregunta anterior o ya se te pasó por la mente, quiero asegurarme que los principios que descubrirás a lo largo de este libro y sus diferentes recomendaciones, no solo te ayudarán a crear una carrera más productiva y exitosa en el campo de las ventas, sino que te mostrarán el camino para construir mejores relaciones con las demás personas: familia, amigos, compañeros de labor, vecinos te orientarán sobre cómo desarrollar una gran autoestima y te enseñarán el importante arte de la comunicación efectiva.

A través del conocimiento de los principios en los cuales profundizaré, descubrirás diferentes estrategias que te permitirán aumentar tu productividad personal, descubrirás también cómo responder a las objeciones más comunes que puedas encontrar cuando estés frente a un cliente, descubrirás ideas que te ayudarán a convertir un NO en un SÍ rotundo y encontrarás cómo incorporar persuasión y efectividad a cada una de tus presentaciones. *Recuerda que las cualidades del vendedor de éxito que describiré aquí y que te indicaré cómo desarrollar, son las mismas que te ayudarán a utilizar el máximo de tu potencial, de manera que puedas lograr las metas más importantes en cualquier área de tu vida.*

El proceso de las ventas es como un gran rompecabezas compuesto de muchas partes. Como en cualquier rompecabezas, todas las piezas son necesarias para lograr el resultado final. Y aunque siempre hay algunas partes que nos proporcionan mayor información que otras, al final, lo verdaderamente importante es lograr poner todos los pedazos juntos y obtener nuevamente el dibujo inicial.

El rompecabezas de las ventas también consta de muchos componentes: el cliente y sus necesidades; el producto y sus características, su precio, los beneficios que provee; el vendedor y su personalidad; los cierres, la atención y muchos otros aspectos que cuando logran conjugarse armónicamente producen el resultado final: la venta de un producto o servicio que responda a las necesidades del cliente y del vendedor.

Indudablemente en el campo de las ventas, algunos aspectos son más importantes que otros. Me acuerdo que en alguno de mis seminarios, un asistente me preguntaba qué tanto influye en la decisión del cliente, el conocimiento que el vendedor tenga de su producto y, recuerdo haber respondido que pese a ser esencial el conocimiento que tenga el vendedor de su producto, a la hora de la verdad, a la hora de vender, este no influye en la decisión del cliente en más de un 7%. En otras palabras, una vez que el vendedor conoce perfectamente las características, los beneficios, el costo y demás aspectos del producto o servicio que ofrece, poseerá únicamente el 7% de lo que se necesita para lograr que un cliente potencial tome la decisión de comprar el producto que se le ofrece.

El otro 93% depende totalmente del vendedor y de su capacidad para comunicar con entusiasmo todo ese conocimiento; de la actitud, del nivel de motivación y del interés que tenga en solucionar las necesidades de su cliente.

Curiosamente, el vendedor promedio —aquel que no ha cosechado mayores éxitos— conoce el producto tan bien como el vendedor exitoso, que mes tras mes cosecha triunfos. Los dos conocen los beneficios, las características, el costo, la garantía, la financiación disponible y todos los demás aspectos pertinentes al producto. Tanto el uno como el otro saben cuáles son los elementos básicos del proceso de las ventas, han aprendido diferentes cierres y saben la manera de responder a las posibles objeciones que el cliente pueda tener.

De hecho, como veremos más adelante, es posible tener dos vendedores que ofrecen el mismo producto, trabajan para la misma empresa, tienen los mismos elementos a su alcance y organizan su presentación de ventas de manera similar, para darla a conocer al mismo cliente. Y en algún momento, a lo largo de este proceso, el mismo cliente opta por decirle sí a uno de ellos y no al otro. ¡El mismo cliente!

Cuando ocurre esto, la pregunta que debemos hacernos es: ¿qué cualidades posee esta persona que hace que el cliente prefiera hacer negocios con ella en lugar de hacerlos con otra? ¿Qué distingue a este vendedor de éxito del vendedor promedio?

Para responder a esta pregunta es importante no olvidar que el proceso de las ventas se describe mejor, no con el uso del sustantivo venta, sino con el uso del verbo vender.

¿Cuál es la diferencia? *La venta es una acción. Comprar cualquier cosa es una decisión emocional. Es el resultado de la interacción entre dos personas: el vendedor y el comprador.*

Es vital tener siempre presente, que el comprador no es un porcentaje, un número, o una transacción más. Tampoco puedes verlo como una cifra que necesitas para llenar tu cuota mensual, o un volumen que requieres para lograr tu meta personal de ventas. Con mucha frecuencia solemos olvidar que ese cliente potencial, consumidor, prospecto, comprador, o como queramos llamarlo, es mucho más que eso: es una persona. Es un ser humano como tú o como yo, con metas y objetivos específicos, dudas y necesidades especiales.

Para el vendedor promedio su principal objetivo no es la interrelación con el cliente sino la comisión inicial que cada venta le pueda representar. Muchas veces, en su afán por cerrar la siguiente venta y ganar la próxima comisión, olvida crear un lazo de amistad con sus clientes; una relación que perdure y cree lealtad entre ellos.

Como resultado de eso, debe trabajar más duro en expandir constantemente su mercado, de manera que pueda conseguir nuevos clientes para reemplazar aquellos que perdió y en muchas ocasiones termina comprometiendo hasta sus valores y principios. Este vendedor promedio es un mercader de una sola venta por cliente. Él no cuenta con clientes que vengan a buscarle una y otra vez, ni recibe referidos que le signifiquen nuevas oportunidades de negocio. *Para dejar de ser un vendedor promedio debe convertir el proceso de las ventas en un reto profesional que lo motive y le dé la capacidad de comunicarse con sus clientes, persuadir, convencer y sobre todo generar confianza y credibilidad a la relación comercial.*

Por su parte, el vendedor profesional, aquella persona que ha tomado la decisión de hacer de las ventas su profesión, actúa de otra manera. Sabe que la única forma de llegar a la cumbre del éxito en el mundo de las ventas es desarrollando un legítimo interés en el cliente y en sus necesidades. Ha comprendido que las comisiones, las ganancias y los altos volúmenes de ventas no son más que el resultado de interesarse genuinamente por sus clientes; de dar la mejor atención y prestar el mejor servicio a cada uno de ellos; de implementar ciertos principios básicos que la harán más efectiva en el momento de cerrar cada venta; de poseer metas y objetivos claramente definidos y haber desarrollado un alto grado de motivación y entusiasmo hacia su profesión.

Pero entonces, ¿qué caracteriza a estos vendedores de éxito? ¿Por qué algunos de ellos tienen más éxito que otros? ¿Por qué algunos ganan más dinero, cosechan más triunfos, disfrutan más su profesión y obtienen mayor satisfacción de ella, mientras que la inmensa mayoría de profesionales en el campo de las ventas opera a niveles de rendimiento muy por debajo de su verdadero potencial?

Seguramente habrás escuchado hablar de la regla del 80-20. Este principio, presentado por el economista italiano Wilfredo Pareto a comienzos del siglo pasado, reveló que en la empresa promedio, el 80% de las ventas generalmente eran realizadas por el 20% de los vendedores. El doctor Joseph Juran, pionero de la calidad total, se refirió a dicho principio como la regla de "las pocas cosas vitales frente a las muchas cosas triviales", lo cual implica que existen pocas causas realmente importantes y muchas de poca importancia, anotando que *el 80% de los resultados en cualquier empresa generalmente son consecuencia del 20% del esfuerzo.*

En cualquier industria existe un pequeño porcentaje de vendedores —solo un 20%— que son mucho más efectivos y, debido a esto, generan un 80% del total del volumen de ventas realizado, mientras que el resto es mucho menos eficaz y, en conjunto, no logra efectuar sino un 20% del total del volumen de ventas.

¿En cuál grupo te encuentras en este momento? Si no lo deseas, no tienes que responder a esta pregunta, ya que si estás leyendo este libro es porque seguramente quieres ser parte de ese 20% más productivo.

Hace unos años una compañía quería comprobar si después de casi un siglo, el principio propuesto por Pareto aún se mantenía vigente en el mundo moderno de las ventas, en el mercado del Internet, en el de los mercados globales y del comercio electrónico actual, y decidió, aprovechando que había acumulado toda la información acerca de sus ventas y comisiones a lo largo de varias décadas, en varios países, y con cientos de miles de vendedores, verificar esta regla. El resultado de dicha investigación ratificó el postulado que Pareto formulara cien años atrás. Tal como él lo había pronosticado, el 20% de los vendedores había realizado el 80% del total de las ventas.

Sin embargo, algo aún más sorprendente que determinó este estudio, fue que la persona promedio de ese 20% más productivo ganaba aproximadamente 16 veces más que la persona promedio del 80% menos productivo. Y eso es una diferencia enorme porque no era que ella ganara un 20% más o un 50% más o que se ganara el doble, ¡No!, ellos encontraron que las personas más productivas se ganaban en promedio un 1600% más que el resto de los vendedores.

Ahora bien, el hecho de que los vendedores más productivos ganen 16 veces más que los demás, ¿quiere decir que son 16 veces mejores, o 16 veces más inteligentes? ¿Indica que están 16 veces más preparados o que conocen 16 veces mejor su producto? ¡No!

Una y otra vez se ha demostrado que los vendedores más productivos son simplemente un poco mejores que los demás en ciertas áreas críticas. No 16 veces mejor, sino un poco mejor en ciertas áreas de vital importancia en el campo de las ventas. Pero esa pequeña diferencia en su manera de pensar y actuar es suficiente para establecer esa gran diferencia en los resultados obtenidos.

Esta es una buena noticia, ya que nos plantea un gran reto: lo único que necesitamos hacer si queremos aumentar nuestros ingresos es estar dispuestos a dar un poco más que la persona promedio en ciertas áreas específicas. *De ahí que la segunda parte de esta recomendación establezca que el vendedor de éxito es aquel que hace todo lo que el vendedor común y corriente no está dispuesto a hacer.* ¿Y qué es lo que no está dispuesto a hacer un vendedor promedio?

Para él es fácil pensar en una venta como si fuera tan solo un intercambio de algo por un valor predeterminado, pero créanme, no es así. El vendedor común y corriente busca disculpas para justificar su falta de resultados; encuentra resistencia por parte de su cliente potencial y por supuesto crea barreras que no hacen posible establecer una relación comercial. Un buen vendedor profesional identifica a su cliente, conoce sus tendencias, le crea confianza y llega a él con eficacia y seguridad.

Entonces de acuerdo con lo anterior, ¿cuáles son esas áreas críticas en las que tenemos que mejorar si queremos cosechar resultados superiores? Diferentes estudios han señalado que los vendedores más productivos son simplemente un poco mejores que los demás en las siguientes áreas:

1. **Actitud personal y nivel de motivación**, es decir, tienen una disposición de ánimo que se

manifiesta de manera positiva hacia los demás, a través de acciones influenciadas por agentes externos o internos.

2. **Administración efectiva de su tiempo**, lo que implica planear, organizar, priorizar y utilizar las herramientas disponibles para realizar el trabajo y las actividades de manera óptima y en el tiempo necesario.

3. **Crecimiento y desarrollo personal**, o ser conscientes de los talentos, capacidades y potencial del que se dispone e identificar las debilidades para generar los cambios si son necesarios, y superarlas.

4. **Conocimiento de su producto o servicio**, o habilidad para estar altamente capacitado sobre las características del producto y sus beneficios para el cliente.

5. **Identificación de nuevos clientes y mercados**, lo cual consiste en investigar y analizar el perfil de los clientes de acuerdo con sus gustos, preferencias y necesidades.

6. **Desarrollo de una presentación eficaz de su producto o servicio**, buscando la forma más clara posible para dar a conocer sus características y beneficios.

7. **Capacidad para identificar rápidamente las necesidades de sus clientes**, lo que significa descubrir su motivación para preferir o no un producto o servicio.

8. **Destreza para responder a las posibles objeciones que los clientes puedan tener**, puesto que las objeciones pueden convertirse en herramientas para mejorar la relación cliente vendedor, en la medida que se escuche, se analice y se busque la posible solución a la objeción.

9. **Habilidad para ayudar al cliente a tomar decisiones**, generándole confianza suficiente en el producto o servicio por adquirir.

10. **Seguimiento certero y oportuno**, porque la venta no termina con la decisión del cliente sobre un producto o servicio, se afianza con la seguridad y seguimiento que el vendedor le dé cuando está pendiente y verifica que el cliente ve los beneficios del producto que adquirió tal cual como se ofrecieron.

El dominio de estas áreas es esencial para el éxito en las ventas; la debilidad en cualquiera de ellas puede ser desastrosa. Como verás, estos diez aspectos serán tratados a todo lo largo de este libro.

CAPÍTULO 2

Aprendizaje diario, camino seguro al éxito

Recomendación No. 2

El vendedor de éxito sabe que su capacidad para alcanzar mayores logros solo está limitada por su disposición para aprender y desarrollar sus habilidades de manera continua. Aprender es la clave del éxito en las ventas, y es una actividad que dura toda la vida. Por esta razón el buen vendedor se asegura siempre de invertir parte de su tiempo y su dinero en su crecimiento y desarrollo personal y profesional.

Todos tenemos muchas experiencias cotidianas por aprovechar, y podemos hacerlo en diferentes áreas. Si somos astutos y tenemos nuestra mente abierta, es el momento de aprovechar cada una de esas experiencias en cada una de esas diferentes áreas, para convertirlas en un aprendizaje continuo que nos haga sentir que cada día vivido dentro de una rutina supuestamente natural, nos está dando sin pensar, un escalón diario por subir al mundo del conocimiento, del aprendizaje y del enriquecimiento intelectual.

Las personas de éxito saben que aprender es una actividad que dura toda la vida. Ellas han entendido que el aprendizaje continuo es la clave del éxito en cualquier área. Por su parte, la persona promedio crece creyendo que hay una época para aprender y otra para practicar lo aprendido. Pues no, ese es un sistema obsoleto; hoy, a medida que las personas avanzan en su perfil profesional, reconocen que mantenerse vigentes y vivas dentro del mercado laboral, significa aprender más y ser estudiosos tanto en el campo que creen dominar, como en campos que aunque no resulten familiares, sí son de importancia para lograr mayor efectividad en el logro de los resultados previstos. Es más, hay que aprender también hasta de los mismos fracasos; un golpe, una caída, puede ser el inicio de un nuevo líder y triunfador, o a lo mejor el comienzo de una nueva empresa; ¿por qué? Porque donde hubo caos y fracaso, simplemente se encontró una oportunidad para aprender.

Por esta razón, el individuo que se siente triunfador toma la firme decisión de ser estudiante asiduo de su profesión y de su éxito, mientras que la persona común y corriente deja de aprender en algún momento por considerarlo un gasto innecesario de tiempo y dinero.

Uno de los principios más importantes del éxito es reconocer que nuestra capacidad para alcanzar mayores logros, solo está limitada por nuestra capacidad para crecer, aprender y desarrollar nuestras habilidades. Si deseamos ganar más, tendremos que aprender más. Al respecto, *Benjamín Franklin solía decir: "vacía tu bolsillo en tu cerebro, y tu cerebro se encargará de llenar tu bolsillo".*

Él entendía la gran importancia de invertir en nuestra propia educación y capacitación. Los triunfadores saben que no hay ninguna inversión que proporcione mayor retribución por su dinero, que volver a invertir una parte de su tiempo y su dinero en el crecimiento y desarrollo personal y profesional.

¿Qué significa esto para ti que deseas triunfar en el campo de las ventas? Significa que debes tomar la decisión de ser el mejor en tu campo. Proponte estar entre el 20% de las personas más exitosas en tu área de trabajo, sea cual sea.

J. Paul Getty, el famoso multimillonario petrolero, afirmaba: "Pese a que aproximadamente un 80% de las riquezas del mundo se encuentran en manos de un 20% de las personas, si juntásemos todas esas riquezas y las repartiésemos en partes iguales entre cada uno de los habitantes del planeta, en cinco años, tales riquezas estarían de nuevo en las manos del mismo 20% inicial".

Él sabía que mientras algunas personas estudian el éxito, aprenden a crear oportunidades y desarrollan hábitos que les permiten triunfar en su campo, otras poseen una mentalidad de pobreza y escasez que no les permite ver o cultivar su verdadero potencial. Es la actitud de cada persona o en nuestro caso de cada vendedor, la que atrae hacia sí la riqueza o la pobreza.

Es la capacidad de preguntarse en cada situación por qué o cómo suceden los acontecimientos y por qué los resultados obtenidos. Esto es vital en el aprendizaje, porque si entendemos el porqué de cada situación, de cada habilidad, de cada resultado, podremos adaptarnos y mejorar en acciones venideras.

Recuerda que los eventos que ocurren a nuestro alrededor son producto tanto de las acciones como individuo (preparación, conocimiento, presentación) como de la situación y agentes externos (nuevo producto, competencia, consumidores, precio…) Es decir, son desafíos constantes en diferentes entornos que siempre nos exigen el máximo de nuestras capacidades y habilidades.

De esto precisamente es de lo que trata esta recomendación, de desarrollar los talentos y habilidades naturales que ya poseemos y aprender las destrezas que nos permitan relacionarnos positivamente con nuestros clientes. ¿Y cuáles serían esas destrezas? Quiero referirme a esto, porque resulta fácil hablar sobre desarrollar habilidades y talentos, pero también necesitamos manejar algunas bases específicas que nos ayudarán con el manejo del proceso de las ventas y las relaciones de afinidad que establecemos con nuestros clientes, es decir, estudiar conceptos como el desarrollo creativo y lo que implica; significa subir el nivel de inventiva e imaginación para crear confianza frente a nuestro prospecto o cliente potencial, y por qué no, buscar lo mejor de nuestra creatividad para preparar la presentación del producto que vamos a ofrecer.

Y seguramente también valdrá la pena investigar sobre qué es liderazgo y resolución de conflictos, o comunicación asertiva o inteligencia emocional, o cómo manejar el trabajo en equipo, o cómo organizar el tiempo. Todos, son aspectos que enriquecen nuestros conocimientos y nos preparan para ser los mejores en cada una de las áreas en que nos movemos. Así que si observas detenidamente, te darás cuenta que hay por aprender todo un mundo de ideas y conceptos que te llevarán al éxito profesional si te propones estudiarlos y profundizar en cada uno de ellos lo aplicable para tu profesión.

Esa es la clave del éxito en las ventas. *En un mundo en el que la tecnología avanza constantemente, para el vendedor estrella la capacidad de crecer se ha convertido en una necesidad básica para prosperar.* El camino para lograrlo radica en desarrollar una mentalidad de crecimiento, aprovechando siempre las oportunidades que se presentan a diario.

De hecho, la Universidad de Harvard dirigió un estudio en el cual encontró que de todas las razones por las cuales una persona triunfa y sale adelante personal y profesionalmente, solo un 15% tiene que ver con sus habilidades profesionales y sus conocimientos técnicos. El 85% restante tiene que ver con su actitud, su nivel de motivación y su capacidad para desarrollar relaciones positivas con las demás personas.

No es que el conocimiento de nuestro producto o mercado carezca de valor. El 15% de nuestro éxito está directamente relacionado con él. No obstante, debemos prestar mayor atención al dominio de aquellos aspectos que nos permitirán crear y mantener un estado mental óptimo, comunicar mejor nuestras ideas e influir en las decisiones de compra de nuestros clientes, ya que el conocimiento de estas áreas representa un 85% del éxito. Robert McMurry escribe en el *Harvard Business Review*: *"La capacitación saca a relucir el potencial que hace de personas ordinarias, vendedores extraordinarios.* Sin ella, inclusive aquellas personas con grandes habilidades están seriamente limitadas".

El soldado pobremente adiestrado pierde la batalla. El jugador pobremente entrenado pierde el juego. *El vendedor pobremente capacitado pierde muchas ventas.* En los tres casos las consecuencias son catastróficas, ya que el mercado solo da grandes recompensas a cambio de grandes resultados. Paga recompensas promedio por un desempeño promedio y recompensas más bajas, fracasos y frustraciones por desempeños mediocres. *Así que nuestro trabajo es convertirnos en estudiantes asiduos del éxito.*

Y ¿cómo convertirnos en estudiantes asiduos? ¿Cómo concientizarnos de la necesidad del aprendizaje continuo? Pensando en nuestro futuro, en un gran futuro que represente nuestro crecimiento a partir de las valiosas experiencias del pasado que seguramente a través de errores y equivocaciones nos llevaron a planear, aprender, organizar y establecer metas con el fin de obtener mejores resultados.

¿Cómo hacerlo? Podemos desarrollar un sistema de capacitación y aprendizaje que incluya libros, audiolibros y seminarios de crecimiento personal y profesional. La persona que no está dispuesta a invertir en sí misma, está negociando el precio del éxito, y este no es negociable. Debemos estar dispuestos a pagar el precio, en términos de lo que necesitamos leer, escuchar, aprender y asimilar. El futuro más grande o menos exitoso de las personas se basa en ellas mismas y en su propia visión y deseo de capacitarse, aprender y aprovechar.

Andy Grove, fundador de Intel y uno de los empresarios más exitosos del mundo suele decir que en un mercado tan competitivo como el de hoy, solo los paranoicos sobrevivirán. ¿Quiénes son los paranoicos? Los que no creen saberlo todo, los que siempre están buscando aprender más, aquellos para quienes su desarrollo y crecimiento personal nunca termina.

Entre las personas de éxito no existe el *statu quo*; no existe la idea de simplemente mantener las cosas como están. La persona que no está creciendo, que no está al tanto de los nuevos avances en su profesión, o la empresa que no está siempre a la vanguardia de cada nuevo descubrimiento en su campo, está retrocediendo. *Recuerda tener siempre el coraje de pensar en grande; si no te conformas nunca con quién eres y siempre quieres ser más grande, nunca limitarás tus opciones y siempre serás una persona de éxito.*

Mi buen amigo Brian Tracy, uno de los más reconocidos escritores y conferencistas en el área de las ventas, sugiere invertir por lo menos un 3% de nuestros ingresos en nuestro desarrollo personal y profesional.

He aquí tres claves que te ayudarán a convertirte en un gran estudiante del éxito:

1. Leer de 30 a 60 minutos diarios. Lee libros que te ayuden a desarrollar el potencial que reside dentro de ti; libros que te permitan desarrollar las habilidades que necesitas para triunfar y te ayuden a avanzar en tu campo de interés profesional.

Leer es para la mente lo que el ejercicio es para el cuerpo. La lectura te puede ayudar a superar las debilidades que creas tener y a convertirlas en fortalezas. Norman Vincent

Peale, uno de los escritores motivacionales más respetados y exitosos de todos los tiempos, afirmaba que en una época de su vida sufrió del peor complejo de inferioridad imaginable. Cuenta cómo a través de la lectura finalmente aprendió a lidiar con él.

Recuerda cómo después de un incidente en la escuela, en el cual el temor exagerado de hablar en público le había hecho parecer como un idiota frente a sus compañeros de clase, se propuso no permitir que el miedo continuara controlando su vida. Peale cuenta que comenzó a leer los Ensayos de Ralph Waldo Emerson, las Meditaciones de Marco Aurelio y otros grandes libros en los cuales descubrió que con los poderes que residían en la mente humana, los problemas podían solucionarse.

De esa manera logró superar sus limitaciones y pronto comenzó a desarrollar su propia filosofía, la cual compartió en público con millones de personas de todo el mundo y la plasmó en su gran libro *El poder del pensamiento positivo*. Este es un gran ejemplo de lo que la lectura puede hacer por nosotros.

¿Sabías que el solo hecho de leer una hora al día te puede convertir en experto en tu campo en tres años, y en un experto internacional en tan solo siete años? Una hora diaria de lectura significa leer un libro entero en dos semanas. ¡Eso equivale a 25 libros al año!

En un mundo donde la persona promedio lee menos de un libro al año, leer 25 libros que te ayuden a mejorar en tu profesión, a administrar mejor tu tiempo, o aumentar tu productividad, te convertirá en una de las personas más competentes y mejor pagadas en tu profesión.

2. Escuchar siempre programas en audio mientras realizas otras actividades. Cuando te preparas para salir en la mañana, cuando te encuentres haciendo ejercicio, o conduciendo tu automóvil, puedes estar escuchando un audiolibro que te ayude a desarrollar cualquier área de tu personalidad. De acuerdo con Zig Ziglar, escuchar programas de desarrollo personal y profesional en tu automóvil es el mejor descubrimiento en el campo de la educación, desde la invención de la imprenta.

La persona que maneja su automóvil hacia su trabajo, emplea un promedio de quinientas a mil horas al año detrás del volante. Eso equivale aproximadamente a uno o dos semestres de estudio universitario, que tú puedes realizar mientras viajas en tu automóvil. Así que convierte tu automóvil en una máquina de aprendizaje, una universidad sobre ruedas. Nunca permitas que tu vehículo se mueva sin que esté sonando un audiolibro que te ayude y te esté dejando alguna enseñanza.

Imagínate tener a tu disposición un programa que ha sido el resultado de cinco o diez años de investigación y trabajo por parte de su autor. Ahora, imagínate poder añadir toda esta información y experiencia a tu conocimiento en tan solo unos días. Eso es lo que logras al escuchar un audiolibro. Tomas un tiempo que de otra manera suele ser poco productivo, y lo utilizas en una actividad que puede triplicar tu conocimiento en cierta área, lo cual te permite adquirir sabiduría de la experiencia de otras personas. Muchos de los grandes triunfadores que he tenido la oportunidad de conocer, utilizan el audiolibro como una de las herramientas más valiosas en su camino hacia el éxito.

3. Asistir a todos los cursos y seminarios de capacitación que puedas. Estos eventos cumplen varias funciones: te ponen al tanto de los últimos avances en tu campo de acción; te permiten descubrir temas que generalmente no son tratados en otras instituciones educativas; te dan la oportunidad de asociarte con otras personas que como tú, también están interesadas en su desarrollo personal, y te ayudan a crear y mantener una actitud positiva y un alto nivel de motivación.

¿Qué tan importantes son estos seminarios, talleres y cursos de capacitación para tu desarrollo personal y profesional? Quizás las decisiones de algunas de las compañías más grandes del mundo te den una mejor idea.

Hace más de cuarenta años McDonald's creó su Universidad de la Hamburguesa: un centro mundial de capacitación para los empleados de la compañía y los dueños de franquicias. Cada año más de cinco mil personas pasan por sus salones de clase, donde tienen acceso a un currículo enseñado en 22 idiomas diferentes, que cubren todas las áreas que tienen incidencia directa en su éxito profesional y empresarial. Otras compañías, como IBM y AT&T, también tienen sus escuelas de negocios.

La compañía Walmart, con más de un millón y medio de empleados a nivel mundial, cuenta con una gran diversidad de talleres y seminarios de capacitación para sus empleados; cursos en áreas como las ventas, la comunicación efectiva, el servicio al cliente y el liderazgo.

El Instituto Disney, tuvo tanto éxito con los programas de liderazgo y desarrollo profesional que impartía a sus asociados, que ahora, centenares de empresas asisten a sus diferentes centros a tomar todo tipo de cursos en áreas como la atención al cliente, el liderazgo y el trabajo en equipo.

Si estas y muchas otras empresas están dispuestas a invertir miles de millones de dólares al año en ayudar a sus fuerzas laborales a desarrollar su verdadero potencial y establecer una ventaja competitiva sobre el resto del mercado, ¿qué estás haciendo tú para diferenciarte de tu competencia?

Estas tres actividades: leer libros y revistas en tu campo de acción, escuchar audiolibros que contribuyan a tu crecimiento personal, y asistir a seminarios de actualización profesional, deben convertirse en hábitos para ti, si realmente te interesa triunfar en el campo de la venta profesional.

Pero también hay otras formas de superación personal y profesional que complementan las anteriores. Si lees a diario, si escuchas audiolibros, charlas, conferencias, si asistes a aulas de capacitación, adquieres las bases y la formación necesarias para fijar metas y analizar cuidadosamente qué cambios aún necesitas hacer y cuánto más debes aprender para seguir avanzando en tu camino hacia el éxito, porque *la gente exitosa siempre está interesada en los resultados que le ayudan a triunfar, en realizar las tareas cotidianas, siempre y cuando le ayuden a conseguir sus metas, sin cuestionar qué tan duras puedan parecer.*

Así que el reto es obligarte a ti mismo a hacer las cosas que son más importantes para tu carrera, sin parar, sin interrumpir, sin cansarte hasta haberlas culminado. Es mantener tu mente enfocada en aquello que deseas alcanzar y en cuánto hay que estudiar, analizar, aprender y crecer para lograrlo. Sé un líder exitoso, mantente a la vanguardia siendo un estudiante de toda la vida, porque como dijera alguna vez Satya Nadella: "En todo caso, ser un **aprendetodo**, siempre será mejor que ser un **sabelotodo**".

CAPÍTULO 3

Uso efectivo de nuestro tiempo:
distinguir lo importante
de lo urgente

Recomendación No. 3

Uno de los objetivos del buen vendedor es encontrar la mejor manera de invertir y aprovechar su tiempo. Tanto el vendedor exitoso como el vendedor promedio cuentan con 24 horas al día; solo que mientras los triunfadores aprenden a administrar su tiempo con efectividad, por considerarlo su recurso más valioso, los demás lo gastan en trivialidades y actividades de poca importancia.

El uso adecuado del tiempo es elaborar una agenda que permita visualizar con claridad las acciones por realizar, trabajar, priorizar, establecer, etc. El excelente vendedor ha desarrollado una gran habilidad para enfocar su esfuerzo y dar prioridad a todas aquellas actividades que le permiten desarrollar su trabajo con mayor efectividad.

Aprender a manejar y administrar nuestro tiempo es una tarea que debemos asumir responsablemente. Si implementamos este hábito como parte de nuestra cotidianidad, seguramente se convertirá en una herramienta muy pero muy útil no solo en el campo de las ventas sino también útil para nuestro bienestar y buen vivir.

Déjame decirte que son muchos los beneficios que obtienes cuando planeas y organizas tus actividades buscando el mejor uso del tiempo con un mayor número de objetivos por cumplir: productividad y rendimiento, satisfacción por el cumplimiento de tu labor, reducción de costos, si se trata de una organización empresarial y muchos beneficios más, que siempre redundarán en la optimización de tareas, ventas, proyectos, objetivos o cualquier meta propuesta y que pretendas lograr.

Zig Ziglar suele decir que los vendedores empiezan todos los días sin trabajo, ya que ellos solo pueden decir que están trabajando cuando están vendiendo. Y aunque puede parecer gracioso, hay mucho de verdad en esta aseveración. Si tomamos en cuenta cuál es la tarea principal de todo vendedor, es fácil deducir que este solo está trabajando cuando está vendiendo. Esto requiere que prestemos mucha más atención a todo aquello en lo cual invertimos nuestro tiempo. Especialmente, debido a que en el mundo moderno de las ventas se trabaja de manera mucho más independiente que en tiempos pasados.

Es posible que seas un representante de ventas que estás fuera de tu oficina el 100% de tu tiempo, visitando clientes o explorando nuevos mercados, o que seas un empresario independiente que trabaja en la industria de la venta directa, o el mercado multinivel, o que seas un vendedor por comisión que trabaja con poca o ninguna supervisión durante el día. Independientemente de cuál sea tu caso, sobre ti recae la responsabilidad de administrar tu tiempo de la manera más efectiva posible.

Si tenemos en cuenta que solo contamos con un promedio de 10 horas diarias para realizar nuestro trabajo, entonces estamos obligados a ser mucho más cuidadosos al momento de realizar cada una de nuestras actividades. Es por eso que tú eres el único responsable de decidir cuándo y dónde reunirte con tus clientes, determinar el mejor momento para hacer llamadas telefónicas, responder correos electrónicos, o precisar el tiempo más apropiado para identificar o prospectar nuevos clientes y expandir tu mercado. Y eso sin contar con toda una serie de actividades de menor importancia o actividades personales y familiares que muchas veces resultan compitiendo por esas mismas 10 horas de tiempo.

Así que es tu obligación asignar prioridades, identificar aquellas actividades en las cuales debes concentrar tu esfuerzo, eliminar o posponer actividades de menor prioridad y desarrollar una rutina que te permita ser lo más efectivo posible en el uso de tu recurso más valioso: el tiempo.

¿Cómo usas el tiempo para organizar tus actividades?

No profundizaré mucho en cuáles son los enemigos más comunes de nuestro tiempo y qué podemos hacer para realizar nuestras actividades de la manera más efectiva, pero sí quiero compartir contigo tres claves que te van a ayudar a organizar tu tiempo; tres ideas que te convertirán en un experto mucho más eficiente en el campo las ventas, y aumentarán considerablemente tu productividad personal y profesional, porque te enseñarán o te orientarán para aprender a eliminar hábitos que puedan robar tu tiempo y te mostrarán una estrategia específica para hacer tus metas de venta una realidad.

Entonces, ¿qué puedes hacer específicamente para lograr más efectividad en la administración del tiempo? A continuación, te describiré las tres claves que te pueden ayudar a lograrlo.

La primera idea no es más que otra aplicación del principio de Pareto. En lo que a nuestro tiempo se refiere, la regla del 80-20 establece que las diferentes actividades de la persona promedio se pueden separar en dos grupos: "las pocas cosas vitales" y "las muchas cosas triviales".

Se ha podido determinar con considerable precisión que el 20% de las actividades que una persona realiza, producen un 80% de los resultados que obtiene, mientras que el otro 80% de las actividades en un día promedio de una persona cualquiera no producen sino un 20% de los resultados. *En otras palabras, el 80% de nuestro éxito es el resultado del 20% de nuestro trabajo.*

En el campo de las ventas, esto significa que un 20% de aquellas actividades que llevas a cabo diariamente, son responsables por un 80% del éxito que experimentas.

Una de las decisiones más importantes de todo vendedor que aspire a formar parte del grupo más productivo es medir todas sus actividades diarias con esta regla del 80-20. Solo así podrá enfocar su esfuerzo en aquellas labores responsables de la mayor parte de su éxito.

De ahora en adelante, siempre que estés realizando o a punto de realizar cualquier actividad, pregúntate: ¿Es esta, una de las actividades que producirán el 80% de mi éxito? Si la respuesta es no, evita malgastar tu tiempo en ella. Si adquieres el hábito de hacer esto, tu efectividad en las ventas aumentará grandemente.

Dedica el tiempo necesario para pensar antes de actuar y concéntrate en aquellas actividades que son responsables por la gran mayoría del valor de tus acciones. ¿Cuáles de ellas pertenecen a este 20%? Curiosamente muchos vendedores andan tan ocupados con las trivialidades y preocupaciones de la vida diaria, que no tienen tiempo para lo realmente importante de su vida y su profesión. Tú mejor que nadie sabes cuáles acciones, hábitos y actividades, forman parte de ese selecto grupo.

Recuerda que el tiempo es irreversible e irremplazable; controlar el tiempo y planear tus acciones con base en él, equivale a tomar el control de tu vida y en el caso del buen vendedor, tomar el control de su gestión diaria en pro de excelentes logros y resultados.

Así que, para iniciar, toma una hoja de papel y escribe las que tú consideras que son las diez actividades de mayor importancia y trascendencia para tu éxito personal y profesional. Piensa en las actividades, hábitos o acciones que sabes que de ser realizados te irán acercando al logro de tus metas personales y profesionales. Una vez que las identifiques y las escribas, léelas y realiza una autoevaluación para determinar si las estás llevando a cabo con la frecuencia y disciplina con que deberías estar haciéndolo. En tu autoevaluación también podrás definir las perspectivas que tienes con el buen uso de tu tiempo para establecer prioridades, aumentar la efectividad laboral y personal y, diferenciar los métodos y pautas pertinentes a desarrollar.

Como mencioné anteriormente, en el mundo de hoy, los profesionales en el campo de las ventas tienen mucha más autonomía en su trabajo, y actúan de manera más independiente durante su día. Esta puede ser un arma de doble filo, ya que dicha libertad y autonomía los hace mucho más vulnerables para que muchas actividades que no están directamente relacionadas con su profesión, pero que aparentan ser urgentes, llenen su horario, robándoles el tiempo que deberían estar dedicando a todas aquellas actividades prioritarias para su éxito, y alejándolos del objetivo y realidad de sus metas.

Piensa en esta posibilidad y toma el control de tu labor diaria, teniendo en cuenta que *tomar el control es no permitir que aquellas actividades que no son realmente importantes sean la prioridad en la realización de tus acciones.*

La segunda idea que te ayudará a establecer prioridades entre tus actividades es saber distinguir entre lo urgente y lo importante. Cuando hablo de la necesidad de administrar tu tiempo, en realidad me refiero a asumir el control de tu comportamiento; a asegurarte que tus acciones sean consistentes con tus metas personales y profesionales. Cuando utilizo el término importante me refiero a todas aquellas acciones que te llevan más cerca de la realización de tus metas y objetivos.

De otro lado, la palabra urgente se refiere a todo aquello que demanda acción inmediata, pero que puede o no, tener importancia para ti y tu futuro.

Todas las actividades que realizamos durante el día poseen diferentes grados de urgencia e importancia, y estos niveles te permitirán examinar la relevancia que cada una de ellas tiene en tu vida profesional.

Una diferencia trascendental entre lo urgente y lo importante es que lo urgente suele presionarnos para actuar inmediatamente, mientras que lo importante no siempre viene acompañado de esa presión y sentido de inmediatez. Depende de cada uno de nosotros el darle ese carácter apremiante. Quizás esta sea la razón por la cual muchas personas desperdician gran cantidad de su tiempo en trivialidades, mientras lo verdaderamente importante pasa en forma totalmente inadvertida.

Es posible que el siguiente ejemplo te ayude a determinar si has sido víctima de esta trampa alguna vez.

Carlos, quien es padre de dos hijos, es un apasionado del fútbol. Si le preguntásemos cuál de estos aspectos, sus hijos o el fútbol es más importante en su vida, indiscutiblemente respondería que sus hijos gozan de mayor prioridad que su afición por el fútbol.

No obstante, un día Carlos llega del trabajo y encuentra que en la televisión se está transmitiendo en directo un partido de su equipo favorito. Es totalmente desconocido para él el hecho de que al día siguiente su hijo mayor tiene un examen en la escuela, lo cual lo tiene en un estado de gran ansiedad y nerviosismo, a pesar de su aparente calma.

¿Cuál de estas dos actividades, el partido de fútbol y el estado de ansiedad de su hijo, es urgente y cuál importante? Veamos. El juego en la pantalla del televisor está diciendo: "atiéndeme ya mismo. No mañana, no más tarde. ¡Ya mismo!" Y como acabamos de ver, esta es la definición de urgente.

El apoyo y la ayuda que su hijo requiere en ese momento son obviamente mucho más importantes. Ahora bien, para que el comportamiento de Carlos sea consistente con sus valores y prioridades, debe sacrificar unos minutos del partido, preguntarle a su hijo cómo se siente, escucharlo con atención y darle el ánimo y la confianza que necesita. Si hace esto, le habrá dado prioridad a lo verdaderamente importante sobre lo urgente.

Ten presente que lo urgente no siempre es importante, mientras que lo importante no siempre nos presiona a actuar.

Si revisamos de cerca todas nuestras acciones podemos ver que independiente de su naturaleza, ellas pertenecen a una de las siguientes categorías:

Primero están las trivialidades o actividades que solo desperdician tu tiempo y carecen tanto de urgencia como de importancia. **Segundo están las urgencias**, que son aquellas actividades que requieren atención inmediata; no obstante, su importancia es relativa. **Tercero están las prioridades** que son fundamentales para tu éxito, pues gozan de gran importancia, aunque no necesariamente exigen la acción inmediata que caracteriza a las urgencias. Por ejemplo, el sentar metas es importante, pero de hecho esta actividad no te está presionando constantemente para que la realices.

Analicemos cada una de estas categorías para ver cómo podemos utilizar este conocimiento para hacernos personas más efectivas en el uso del tiempo.

Desperdiciar el día mirando televisión o tener malos hábitos, escoger malas lecturas o tener vicios son actividades que no son urgentes y menos aún, importantes. Son *trivialidades*. Sin embargo, muchas personas viven aferradas a estas acciones y casi que se convierten en esclavos de ellas.

Así que *proponte eliminar todas las trivialidades que están robando tu tiempo*. Entre menos tiempo desperdicies en ellas más tiempo podrás dedicar a aquello que es verdaderamente importante, tanto a nivel personal como en tu carrera en el campo de las ventas.

La segunda categoría son las *urgencias*; es increíble el número de personas que vive de urgencia en urgencia y sin embargo, estas no representan necesariamente a aquellas realmente importantes para nuestro éxito. Una gran mayoría de las actividades que se encuentran en esta categoría son distracciones que no están asociadas con lo verdaderamente prioritario para nuestra vida.

En el mundo de hoy los profesionales de las ventas tienen mucha autonomía sobre su trabajo y actúan de una manera muy independiente, lo cual los hace vulnerables y corren el riesgo de dedicar su tiempo a muchas actividades que no representan importancia para su profesión, en lugar de concentrarse en actividades que pertenecen al grupo del 20% más productivo del que hemos venido hablando.

Es el momento que te concientices de esta situación y sepas que los verdaderos vendedores de éxito han desarrollado estrategias en su disciplina diaria para hacer lo que saben que tienen que hacer; *ellos han comprendido que, si solucionan lo realmente importante, lo urgente suele solucionarse por sí solo.*

Finalmente, la última categoría son las *prioridades*, aquellas acciones o actividades no urgentes, pero sí importantes, a las cuales debes prestar más atención, puesto que están íntimamente ligadas a nuestras metas de ventas.

La tercera idea que impactará favorablemente tu productividad es comenzar cada día con un plan de acción.

¿Qué puedes hacer tú? Todas las noches haz una lista de aquello que deseas lograr al día siguiente. Saber con anticipación lo que debes hacer, te permite programar tu mente subconsciente con esta información, de manera que ella comience a trabajar en proveerte con el mejor plan de acción para conseguir los resultados deseados.

El escribir en tu lista lo que tienes que hacer al día siguiente te ayuda a eliminar estados de estrés y te generará confianza y más energía para ejecutar tu labor. Al desarrollar esta lista no olvides tener en cuenta llevar a cabo las actividades que exigen más concentración y creatividad, a las horas que sabes que eres más creativo y se te facilita más la realización de tu trabajo, así como tener en cuenta también, que hay ciertas acciones y labores que para realizarlas con mayor efectividad, deben hacerse a determinada hora para obtener el resultado esperado. Por ejemplo, si uno de tus clientes es un establecimiento comercial que opera en el horario regular de 10 a.m. a 8 p.m., la mejor hora para llamarlos puede ser entre las dos y las cuatro de la tarde. Si llamas en la mañana pueden estar ocupados alistando todo para el día. Si llamas después de las cuatro, coincide con su tiempo de mayor venta, así que no te prestarán la atención con la que quieres contar. El determinar las horas de mayor efectividad con tus clientes exigirá que tomes el tiempo para conocerlos.

Al sentar prioridades entre tus actividades diarias, asegúrate que todo paso que des, te lleve a la consecución de tus metas personales y profesionales. Pequeños detalles como este, marcan una gran diferencia en el uso efectivo de nuestro tiempo, aumentan nuestra productividad y crean una excelente impresión en nuestros clientes. Los vendedores exitosos han desarrollado una gran autodisciplina para hacer lo que saben que tienen que hacer, cuando saben que tienen que hacerlo. *No olvides entonces que para llegar a ser un vendedor estrella debes iniciar cada día con metas claras y un plan concreto de lo que esperas lograr.* El vendedor común y corriente no presta atención a estas particularidades, y como consecuencia de ello es considerado por muchos de sus clientes como molesto e inoportuno.

¿Cuánto vale una hora de tu tiempo?

Si aprendemos a utilizar nuestro tiempo de la manera más efectiva nos será más fácil maximizar nuestra capacidad de producir y generar mayores ingresos. *Independientemente de la profesión o trabajo que realices, tus ingresos siempre estarán determinados por la manera como decidas utilizar e invertir tu tiempo.*

En uno de mis seminarios, una vez pregunté a los asistentes: "¿Cuántos de ustedes creen que les están pagando lo que valen?" Ninguno de ellos levantó la mano ni respondió de manera afirmativa. De hecho, después de escuchar sus comentarios pude percibir dos cosas: primero, que todos sentían que no recibían lo que creían merecer, y segundo, que la mayoría no estaba haciendo nada al respecto. De hecho, muchos de ellos no pensaban que hubiera nada que pudieran hacer y se habían resignado a su suerte.

Después de esto, pasé los siguientes minutos haciéndoles entender que nuestras entradas, el salario que cada uno de nosotros devenga va siempre en proporción directa con nuestra contribución al mercado; que el mercado es el que determina cuál es la retribución apropiada por nuestros servicios, por nuestra experiencia y por nuestros conocimientos profesionales; que es el mercado el que determina que ciertas personas de acuerdo con su trabajo ganen quince dólares por hora y otras ganen un millón de dólares al año.

Si estableciéramos una escala de ingresos entre estas dos cantidades —quince dólares por hora y un millón de dólares al año— descubriríamos que la gran mayoría de nosotros nos encontramos en algún punto intermedio. Ahora bien, dónde nos encontremos es algo sobre lo cual cada uno tiene más control del que cree tener. Tanto la persona que gana quince dólares la hora como la que gana 500 dólares la hora, se encuentra justo donde desea encontrarse.

A pesar de que es el mercado el que establece esta escala de salarios, somos nosotros los que decidimos dónde queremos encontrarnos en dicha escala. Nuestra capacidad, nuestros estudios, nuestra dedicación, nuestra seguridad, nuestra sabia organización del tiempo y planeación de tareas, entre otros, y nuestra seguridad para diferenciar lo urgente de lo verdaderamente importante son aspectos claves que nos permiten el control y nuestro sitio en la escala de salarios. Todos nosotros, consciente o inconscientemente, no solo nos encargamos de poner un precio a nuestro trabajo, sino que nos encargamos de comunicarle al mercado dichas expectativas.

¿Cuánto vale tu trabajo? ¿200... 500... 10.000 dólares semanales? Ya sea que lo sepas o no, cada uno de nosotros lleva una etiqueta de precio invisible. La persona que gana 200 dólares semanales se ve a sí misma devengando esa cantidad y no se ve ganando más de esa cifra.

Ella puede querer ganar más, pero su visión interna acerca de sí misma es la de alguien que solo gana 200 dólares semanales. Lo mismo ocurre con aquella que gana diez mil dólares semanales. Ella ha determinado que esa es la cantidad que desea ganar. Se ha preparado para ganar dicha cantidad. Se ha visualizado recibiendo esa cantidad. Espera obtenerla, y por lo tanto, su etiqueta invisible tiene este precio.

En ningún campo es esto más fácil de apreciar que en el campo de las ventas, ya que en esta profesión todos tenemos mucho más control sobre la cantidad de ingresos que generamos, porque estos dependen de las metas que nos hayamos trazado y del trabajo que estemos dispuestos a realizar para alcanzar dichas metas.

Todos tenemos la posibilidad de determinar nuestros ingresos; tanto empresarios, como vendedores que trabajan con base en comisiones, o empleados que determinan los ingresos que desean generar al ejercitar su libertad de decidir cómo y en qué invierten su tiempo. Lo triste es que ante esta gran opción que todos tenemos, tantas personas opten por devengar entradas que no les permitan tener el estilo de vida del cual quisieran gozar.

Recuerda que la elección sobre nuestros ingresos no es del mercado o la economía reinante. Es nuestra. Y es una elección que siempre deberíamos tomar con base en las metas y objetivos que deseamos lograr, no con base en lo que creemos que nuestros clientes pueden pagarnos o basados en los estándares que estén operando en el mercado.

Hace poco le pregunté a un joven que trabaja en una farmacia cuánto ganaba. Con aire de pesadumbre y resignación me respondió: "ocho dólares por hora". Le pregunté si eso era lo que él quería ganar.

—"¿Te alcanza para vivir como verdaderamente deseas vivir?"

—"¡No!" Fue su respuesta. —"A duras penas me da para sobrevivir".

—"Entonces, ¿por qué te has resignado a aceptar ese pago por tus servicios? ¿Qué haces realizando una actividad que no te retribuye de la manera que lo deseas?"

Muchas personas argüirán que él no tiene ningún control sobre el precio que el mercado ha asignado como pago por una hora de su tiempo. Quiero repetir que tú tienes más control del que crees tener al respecto.

Para determinar cuánto debería valer una hora de tu tiempo quiero pedirte que realices el siguiente ejercicio. Empieza determinando cuánto dinero desearías estar ganando.

Para asegurarte que eliges una cifra que exija un mayor esfuerzo de ti, quiero que tomes las entradas de tu año más productivo e incrementes esa cifra en un 50%. En otras palabras, si en tu mejor año tus entradas fueron de 40 mil dólares, entonces fija tu nueva meta para los próximos doce meses en 60 mil dólares.

El siguiente paso es determinar exactamente qué cantidad o volumen de ventas de tu respectivo producto o servicio tendrás que vender para generar dicha cantidad. Y antes que digas que no estás en el campo de las ventas recuerda que ya se dijo que todos somos vendedores, seamos médicos, profesores, mecánicos, todos estamos negociando con otras personas, intercambiando experiencias, conocimientos y habilidades por su equivalente en dinero y ese es el proceso de las ventas. Entonces determina qué porcentaje de ese volumen total de ventas corresponde a tu salario o a tus ingresos. Si tus ingresos (entre salario básico, comisiones y bonificaciones) equivalen a un 20% del volumen total de ventas que realizas, quiere decir que, para ganar 60 mil dólares anuales, tendrás que generar un total de 300 mil dólares en ventas durante este año.

Con solo hacer esto has creado una meta de ventas específica a la cual dirigir tus esfuerzos. Acabas de determinar que tus ventas de este año tienen que ser de 300 mil dólares para ganarte 60 mil dólares anuales que es lo que te has propuesto, si tu comisión es de un 20%.

Y para qué te sirve esta información... pues si tomas los ingresos anuales que deseas recibir y el volumen de ventas que debes generar, y lo divides entre el número de meses y semanas que trabajas durante el año, podrás determinar cuáles deben ser tus metas financieras mensuales y semanales.

En nuestro ejemplo, los 60 mil dólares que deseas ganar, equivalen a cinco mil dólares mensuales y a 1.200 dólares semanales. Si trabajas ocho horas diarias, esto quiere decir que una hora de tu trabajo tiene un valor de treinta dólares.

Lo importante de entender es que este valor de $30 la hora es el resultado de tu decisión personal sobre los ingresos anuales que quieres generar. No lo has escogido de manera arbitraria, sino basado en tus circunstancias y expectativas propias. Ahora sabes cuál es tu meta de ingresos, cuánto debes vender y cuánto vale una hora de tu tiempo.

El solo hecho de saber cuánto vale una hora de tu tiempo, basado en las metas financieras que deseas alcanzar, te permitirá valorar mejor tu tiempo, y te ayudará a tomar decisiones mucho más acertadas en cuanto a cómo invertirlo.

Desde este preciso momento, incrementa tus esfuerzos, valórate y aumenta tu nivel de estima y mientras estés en tu trabajo, rehúsate a hacer cualquier cosa que no creas que pague 30 dólares por hora. Identifica, en tu trabajo o en tu negocio, aquellas actividades que de verdad afectan tu productividad y que son las que de ser ejecutadas debidamente podrán aumentar tus ingresos.

Si te concentras en llevar a cabo durante tu día de trabajo únicamente estas actividades que, por su importancia, tú mismo has determinado que pagan 30 dólares la hora, y lo haces ocho horas diarias, cinco días a la semana, cincuenta semanas al año, muy seguramente podrás devengar 60 mil dólares al final de los próximos doce meses.

Así que tu tarea en los próximos minutos es primero determinar cuánto valdrá una hora de tu tiempo de acuerdo con tus objetivos y metas personales, y segundo determinar qué actividades en tu trabajo o profesión te garantizarán dichas entradas para tomar la decisión de concentrarte en ellas. Identifica también qué actividades realizas actualmente en tu trabajo que no pagan dicha cantidad, que posiblemente te están robando tu tiempo y elimínalas de tu rutina diaria.

Recuerda que el solo hecho de saber cuánto vale una hora de tu tiempo, te permitirá tomar mejores decisiones acerca de cómo utilizarlo. Después de todo, lo único con lo que verdaderamente cuentas para ofrecer, es tu tiempo, así que utilízalo sabiamente. Recuerda, tú tienes el control.

CAPÍTULO 4

Comunicación efectiva con nuestros clientes

Recomendación No. 4

La regla de oro en las ventas no es tratar a los demás como nosotros deseamos ser tratados, sino como ellos desean ser tratados. Cada ser humano procesa la información de manera diferente, toma decisiones y responde a lo que escucha de forma distinta. El vendedor exitoso busca siempre personalizar el trato que da a sus clientes y armonizar su estilo de comunicación con el de ellos.

No olvidemos por ningún momento lo que ya hemos tratado como tema importante: nuestra personalidad juega un papel trascendental en la relación con nuestros clientes. Por eso la importancia de saber manejar ciertos aspectos de esa personalidad y estilo comunicativo para crear una atmósfera de confianza que facilite la toma de decisiones por parte de ellos.

Una de las maneras más fáciles de lograr conexión con nuestros clientes es buscar armonizar nuestro estilo de comunicación con el de ellos. Muchas de las cualidades que caracterizan a aquellos vendedores que forman parte del 20% más productivo, tienen que ver con la habilidad para comunicar sus ideas con entusiasmo y efectividad para desarrollar relaciones positivas con sus clientes.

Veamos entonces algunos aspectos básicos de la comunicación efectiva y cómo se aplican en el campo de las ventas.

Es importante entender que el tratar de armonizar tu estilo de comunicación con el de tu cliente no significa que debas cambiar tu personalidad, o debas convertirte en alguien distinto a quien en realidad eres. Lo único que esto significa es que si deseas establecer una atmósfera que facilite la venta, debes ser sensible al estilo de comunicación preferido por tus clientes, y buscar comunicarte con ellos de la manera en que se sientan más a gusto. La persona que ha dominado el arte de la comunicación efectiva, ha entendido la verdadera regla de oro, aquella que dice: *en lugar de tratar a las personas como tú deseas ser tratado, debes tratarlas como ellas desean ser tratadas*. Al comunicarte con tus clientes en su propio estilo, podrás alcanzar un nivel más elevado de conexión con ellos, con mayor rapidez.

En el pasado erróneamente se generalizó la noción de que nosotros debemos tratar a las personas como nosotros desearíamos ser tratados. El problema es que esta no siempre es la mejor estrategia si queremos llegar a nuestros clientes.

Por ejemplo, si tu personalidad es abierta, si eres una persona extrovertida, alegre y te gusta hablar en voz alta y no encuentras ningún problema en poner el brazo sobre el hombro de tu cliente, seguramente encontrarás grandes ventajas al interactuar con clientes cuya personalidad sea igualmente abierta y extrovertida. No obstante, es muy probable que este estilo no encaje muy bien con una persona tímida, reservada, de voz baja y pocas palabras.

Por esta razón debes buscar armonía entre tu estilo y el de tu cliente, y evitar choques comunicativos que obviamente los colocarían a él y a ti en bandos opuestos. En tal caso, busca un punto medio que te permita mantener una gran actitud, sensible a la manera de ser de tus clientes, pero sin crear inhibiciones en tu propia personalidad.

Así que tu primer objetivo —y la verdad es que no cuentas con mucho tiempo para lograrlo— es determinar cuál es estilo de comunicación que tu cliente prefiere.

Es el momento de tomar una decisión y pensar en las estrategias y medidas a seguir, que mejoren tu rendimiento en las ventas y te permitan involucrarte con tu cliente, de acuerdo con lo que él quiere ver y recibir de ti durante el proceso de la venta. Es decir, es el momento de acercarte a tu cliente viéndolo no como un prospecto, sino como una persona con quien te identificas y ayudas a tomar decisiones de compra, dentro de la tranquilidad y la confianza óptima para establecer una verdadera relación comercial.

¿Es tu cliente la clase de persona a quien le gusta hablar de todo un poco antes de entrar de lleno a hablar de negocios? Pretender "ir al grano", puede parecer rudo y agresivo. Muchas personas se pueden incomodar si se ven obligadas a hablar de negocios, productos, órdenes o pedidos desde el primer minuto. Recuerdo el comentario del jefe del departamento de compras de una universidad, quien decía que un vendedor que no es capaz de sentarse y hablar de otras cosas antes de entrar en el tema de los negocios, es una persona que seguramente está ocultando algo, y con quien es mejor no negociar. Ya sea que esta impresión sea real o falsa, afecta sus decisiones y determina que ellos compren o no.

O por el contrario, puede suceder que tu cliente es de aquellas personas que les interesa tratar de inmediato el tema de negocios, prefiere ser directo, y considera una pérdida de tiempo las conversaciones no relacionadas con el asunto de la reunión. Quizás su tiempo es muy limitado, o prefiere no hablar de su vida personal. En este caso, ten cuidado; si tu cliente desea ir al grano y tú tomas más tiempo del que él considera necesario, seguramente se sentirá no tenido en cuenta, o sentirá que se le está ignorando, o pensará que no estás listo para negociar, lo cual, obviamente influirá en su decisión de realizar cualquier tipo de compromiso, transacción o compra contigo.

Entonces repito, tu verdadero objetivo es identificar el estilo que tu cliente prefiere, y en la medida de lo posible, tratarlo como él desea. Esto te traerá grandes dividendos a largo plazo.

¿Sabes escuchar a tus clientes?

El proceso de una venta corresponde al lapso de tiempo que transcurre desde que contactamos a nuestro prospecto, realizamos la presentación de nuestro producto o servicio y finalmente, cerramos la venta. Así que debes recordar que el éxito de este proceso depende de nuestra capacidad para comunicar con entusiasmo y efectividad los beneficios de nuestro producto, servicio o negocio y crear un ambiente donde le sea fácil a nuestro prospecto tomar una decisión de compra y convertirse en nuestro cliente.

Pero para comunicarnos adecuadamente, debemos aprender a escuchar e interpretar con atención lo que nuestros clientes dicen. *Si mejoramos nuestra habilidad para escuchar, mejorará nuestra efectividad, nuestra relación con los demás y nuestra productividad personal y profesional.*

Fuera de respirar, la actividad en la cual el ser humano emplea una mayor cantidad de tiempo es en escuchar. ¿Y qué es escuchar? El diccionario define la palabra escuchar como *prestar atención a lo que se oye.* Pero podemos ir más allá de la definición y buscar muchas maneras de interpretar la acción de escuchar; escuchar es entender, es interpretar, es comprender, es ejercer contacto visual con quien nos estamos comunicando, es estar presentes en una conversación… y podría seguir citando más conceptos sobre lo que implica escuchar, pero mi objetivo ahora es que tú visualices su importancia cuando estamos en comunicación con nuestros clientes y lo efectivo que puede resultar el proceso de la venta, cuando centramos nuestro oído y orientamos nuestra escucha a lo que nos interesa en términos de nuestra negociación; cuando nos centramos en poder establecer un diálogo que genere confianza y que el cliente sepa que de verdad entendimos lo que nos quiso decir y se sienta comprendido; pero de igual manera, que nosotros estemos seguros de que él también entendió y asimiló con claridad lo que quisimos decirle.

La persona promedio emplea aproximadamente un 45% del día escuchando, 30% hablando, 16% leyendo, y 9% escribiendo. A pesar de esto, son muy pocas las personas que han sido entrenadas en el arte de escuchar mejor.

Curiosamente, aquellas actividades en las cuales empleamos una menor cantidad de tiempo —leer y escribir— son las mismas en las cuales hemos recibido mayor entrenamiento en la escuela, mientras que en aquellas en las cuales empleamos la mayor parte de nuestro día –hablar y escuchar— raramente hemos sido instruidos.

El doctor Karl Rogers asevera que la pobre comunicación es el resultado de nuestra incapacidad para escuchar con efectividad. ¿Estamos escuchando a nuestros clientes? Ten en cuenta lo siguiente: *el vendedor que no sea capaz de escuchar, no será capaz de vender*. Escuchar con atención y proactivamente es una de las características comunes a todo vendedor de éxito. La venta consiste en hacer preguntas que nos permitan enterarnos de las necesidades, inquietudes y objetivos del comprador, y escuchar atentamente para poder asistirle de la mejor manera posible.

Una vez formulemos una pregunta a nuestro cliente, dediquemos un cien por ciento de nuestra concentración a escuchar lo que él o ella esté diciendo, no solo con sus labios, sino con el tono de su voz y su lenguaje corporal, porque parece increíble, pero a este último también hay que saberlo escuchar e interpretar.

Me gusta utilizar el ejemplo del Full Contact Karate, para ilustrar la manera como se comportan muchos vendedores. Para quien nunca ha visto este deporte, déjenme decirles que es uno de los más competitivos en las artes marciales. Es muy similar al boxeo, con la diferencia de que los contrincantes pueden no solo pegar con el puño, sino también con el pie.

Durante el round, cada karateca debe lanzar y pegar un mínimo de ocho patadas; de lo contrario perderá un punto en ese round. El karateca profesional y experimentado sabe que cuenta con todo el round para hacerlo, e incluye esas ocho patadas como parte de su estrategia de ataque.

El karateca principiante e inexperto se comporta de manera distinta. Tan pronto suena la campana, sale a conectar las ocho patadas a como dé lugar. Él quiere asegurarse de cumplir con este requisito primero que todo y luego sí relajarse y comenzar con su estrategia de ataque.

El problema es que muchos de ellos están tan ansiosos y concentrados en esas ocho patadas iniciales, que no solo nunca tienen la oportunidad de poner su estrategia en acción, sino que no prestan suficiente atención al plan de ataque de su adversario y terminan siendo derrotados rápidamente.

Espero entonces que tú no trates de parecerte a estos deportistas, porque fíjate que muchos vendedores actúan de la misma manera que acabo de describir. Una vez que tienen al cliente en la mira, salen tras él como aquel karateca inexperto, armados con las mismas cuatro preguntas de siempre y con un plan rígido e inflexible, como si todos los clientes fuesen iguales. No olvides que este capítulo ha venido reforzando la importancia de tu actitud y disposición para comunicarte con tus clientes. Unos tienen formas de comunicación y relación más directa, otros se toman su tiempo; si conoces esas características de relación, sus intereses, sus preferencias, tómate un tiempo para elaborar tus preguntas y el plan adecuado para acercarte a él y hacer una presentación clara para tu prospecto.

Si eres de aquellos que lanzan sus preguntas como quien llena un cuestionario y pocas veces escuchan lo que el cliente tiene que decir, seguramente perderás un gran número de ventas, ya que cuando el cerebro primario del cliente percibe esta actitud envía rápidamente una señal de alerta que dice: "¡Peligro! Este vendedor no está realmente interesado en mí o en mis necesidades".

La comunicación en las ventas es como una avenida de dos vías. Es tan importante saber comunicar tus ideas como saber escuchar. Es más, me atrevo a asegurar que se han perdido más ventas por no saber escuchar que por no saber hablar. Recuerda el viejo adagio que dice que: "Hemos sido dotados de dos orejas y una boca, con el propósito de que escuchemos el doble de lo que hablamos".

¿Es tu cliente visual, auditivo o cinestésico?

Es hora de hablar de manera específica sobre el cliente. Determinar lo que podemos hacer como vendedores durante la venta para entender sus necesidades, interpretar sus preocupaciones, es decir, descubrir el método o imagen mental que el cliente utiliza para evaluar el mundo que lo rodea, de tal manera que podamos tener una mayor efectividad en el momento de realizar nuestra presentación.

Hace un par de décadas, los descubridores de lo que hoy se conoce como la Programación Neurolingüística o PNL, encontraron que existen tres procesos, métodos o mapas mentales básicos mediante los cuales las personas perciben el mundo que los rodea: *el proceso visual, el proceso auditivo y el proceso cinestésico o kinestésico.*

Si sabemos cuál es el mapa mental que prefiere utilizar nuestro cliente para interpretar el mundo exterior, tendremos una herramienta muy útil para saber la mejor manera de presentarle las características y beneficios de nuestro negocio, producto o servicio, es decir, la mejor manera de comunicarnos con él. Y como todos sabemos, en el campo de las ventas esta puede ser la diferencia entre una carrera productiva llena de logros y satisfacciones o una llena de tropiezos y desencantos.

Por eso es importante conocer las diferencias entre estos tres sistemas sensoriales. *En términos simples podemos decir que las personas visuales ven el mundo, las auditivas lo oyen, y las cinestésicas o kinestésicas lo sienten.* A pesar de que todos utilizamos los tres patrones de pensamiento, solemos darle preferencia a uno de ellos en el momento de interpretar y evaluar los diferentes estímulos e información que recibimos del mundo exterior.

Aproximadamente un 35% de las personas son predominantemente visuales. Ellas comprenden algo mucho mejor si pueden verlo.

¿Cómo puedes determinar si tu cliente piensa visualmente?

Las personas visuales transforman en imágenes toda la información que reciben. Si tu prospecto pertenece a este grupo de personas, y le presentas una idea en términos visuales, con palabras pintorescas y descriptivas, ella o él seguramente sonreirá y le brillarán los ojos como muestra de que está comprendiendo y captando lo que estás diciendo.

Este grupo de personas utilizan expresiones como, "me encantaría ver el producto", "esa me parece una idea brillante", "ya me lo puedo imaginar", o "ya tengo una idea clara de lo que deseo adquirir". Los términos ver, brillante, claro, e imaginar, se refieren al sentido de la vista que es el que ellos favorecen.

¿Cuál es la manera más efectiva de venderles a las personas visuales? Pues ofreciéndoles las alternativas que les permitan dibujar en su cerebro cada una de las palabras y conceptos que tú le estás dando a conocer. Cuando realices una demostración o presentación y eres consciente que tu cliente potencial es una persona visual, muéstrale folletos de tu producto y si te es posible, utiliza gráficos e imágenes.

Por su parte, las personas cuyo mapa mental es fundamentalmente auditivo, constituyen aproximadamente el 25% de la población.

La persona auditiva, prefiere escuchar lo que sucede a su alrededor y diseña sus respuestas basándose en aquello que escucha. Ella presta mucha atención a la manera como las demás personas dicen las cosas, y suele utilizar expresiones como, "eso me suena bastante bien", "no emplee ese tono de voz conmigo por favor", o "hasta el momento no he escuchado nada de importancia", "me encantaría que me contara algo más al respecto", o "me gustaría escuchar la opinión de otras personas". Todas estas palabras: contar, sonar, decir, escuchar, son indicio de que tu cliente da preferencia a su mapa mental auditivo.

¿Cómo venderles a las personas auditivas? Ellas prefieren escuchar una información ordenada que les permita a su vez repetirla para sí mismas o transmitirla de nuevo a un tercero para estar seguras que entendieron la información. Dales la oportunidad de escucharse. Los clientes auditivos más que cualquier otra persona pueden literalmente venderse ellos mismos el producto si tú solo les das la oportunidad. Cuando estés realizando una presentación de ventas para un cliente auditivo, recuerda siempre resaltar cualquier característica auditiva del producto. Una persona auditiva que se encuentre comprando un automóvil puede tomar la decisión de hacerlo basado en la calidad del sonido del radio o lo callado del motor, más que basado en la financiación, el color, o el precio.

Finalmente, están las personas cinestésicas o kinestésicas, que componen el 40% de la población. Ellas actúan dejándose guiar por lo que sienten; son un grupo de personas un poco más complejas en su forma de comunicación porque tienden a procesar la información relacionándola con el tacto y las sensaciones que experimentan. Suelen hacer juicios rápidos acerca de si alguien les gusta o les disgusta, basándose en sus instintos y su intuición.

Es común que utilicen expresiones como, "permítame tocar el producto con mis propias manos", "no me siento totalmente seguro acerca de esto", "necesito poner los pies sobre la tierra y hablar de hechos reales", "déjame darte una mano con ese asunto", o "mi impresión al respecto es la siguiente". Las palabras y expresiones tocar, sentir, tocar tierra, dar una mano, o impresión, denotan el gran efecto que las emociones y el tacto juegan en sus decisiones.

Generalmente, al momento de tomar decisiones, estas personas hacen largas pausas para poder captar totalmente sus sentimientos al respecto.

Si deseas venderle a un cinestésico debes apelar a sus sentimientos. Pregúntale cómo se siente con lo que has dicho, o cuáles son sus impresiones. Ofrécele muchas oportunidades de tocar y experimentar el producto. Permite que perciba su textura o su composición. Háblale acerca de estas características del producto. Si puedes demostrarle lo que dices con una acción física de algún tipo, un gesto o un contacto personal, conseguirás captar mucho más rápido su atención. Recuerda que el mensaje en sí, no contribuirá en más de un 7% a lo que tu cliente capte de tu presentación; el otro 93% de lo que él o ella captarán, depende de la manera en que transmitamos el mensaje.

Así que aprende a identificar el modo de pensar y de percibir el mundo de tu cliente o prospecto, y tu efectividad como vendedor aumentará de manera impresionante.

CAPÍTULO 5

La V del lenguaje: verbal,
vocal y visual

Recomendación No. 5

El vendedor de éxito es consciente que cuando él habla, todo su cuerpo habla. Sabe que si no hay armonía y correspondencia entre los tres aspectos de su mensaje —lo que dice, cómo lo dice y su lenguaje corporal— tendrá menos oportunidades de llegar a la mente de su interlocutor y disminuirá el nivel de credibilidad de su cliente en él y en su mensaje.

Ahora es importante que pensemos sobre lo interesante que es reflexionar sobre cómo nos ven los demás cuando nos expresamos, o cuando nos comunicamos. ¿Te has puesto a pensar qué puede significar una sonrisa cuando te diriges a los demás? De todos los gestos, o comportamientos, o señales que puede enviar una persona, ¿cuál crees tú que es la que logra inspirar más confianza en menos tiempo? Si dijiste una sonrisa, estás en lo correcto. Muchos experimentos y estudios psicológicos han confirmado lo que todos sabemos por instinto: *una persona que sonríe es más atractiva e inspira mayor confianza.* Sin embargo, no todas las personas sonríen, aquellos que ríen poco seguramente descubrirán que las respuestas que generan en quienes les rodean o a quienes se dirigen son menos amistosas.

Recuerda, la sonrisa es la mejor manera de iniciar cualquier conversación de negocios. Cuando haces una presentación y usas tu sonrisa, le estás transmitiendo a tu cliente que puede confiar en ti. Me gustaría que pienses en la sonrisa como la señal no verbal más acertada para crear confianza.

Otro aspecto de interés para comunicarnos en las ventas hace referencia a que lo importante no es lo que digas, sino cómo lo digas.

Mucho antes de que se popularizaran los diferentes conceptos de la Programación Neurolingüística, el profesor Albert Morabian de la Universidad de California había llegado a la conclusión de que *cuando hablamos, nuestro mensaje se compone en realidad de tres mensajes individuales: el verbal, el vocal y el visual.*

Uno de los objetivos más importantes de su investigación consistió en medir el efecto que cada uno de estos tres componentes tiene sobre la persona que nos está escuchando, en este caso, nuestro cliente. Buscaba determinar qué tanto influye cada una de estas partes del mensaje en las decisiones de nuestro interlocutor, con respecto a las ideas que estamos presentando.

La parte verbal del mensaje es la idea que queremos comunicar, el mensaje en sí. En el caso de las ventas es la presentación que tú haces de tu producto, tu negocio o tu servicio. Uno de los errores más comunes que cometen los vendedores es creer que la idea que quieren compartir es lo único que importa y que mientras esta sea presentada de manera clara y precisa, todo está bien. Pero concentrarse exclusivamente en el mensaje verbal, asumiendo que representa la totalidad del mensaje es una equivocación, porque en realidad es solo una parte de él.

La segunda parte es el mensaje vocal, que se refiere a la forma en que son pronunciadas las palabras cuando hablamos. Es decir, la entonación, la proyección y resonancia de nuestra voz, el énfasis que le damos a ciertas palabras y el sentimiento y la emoción que les imprimimos.

Y la tercera parte es el mensaje visual que está compuesto por todo aquello que nuestro interlocutor ve. En esta forma de mensaje cobran importancia nuestra expresión, nuestros gestos y movimientos de la cara, la postura de nuestro cuerpo y todos los demás elementos que comúnmente conocemos como el lenguaje corporal.

Uno de los resultados más importantes de esta investigación fue la confirmación de algo aparentemente obvio, pero a lo que rara vez prestamos atención: el nivel de consistencia o inconsistencia entre estos tres elementos determina el grado de credibilidad con que un mensaje es recibido. Si no hay armonía y correspondencia entre lo que estamos diciendo, cómo lo estamos diciendo, y nuestro lenguaje corporal, disminuye el nivel de credibilidad de quien nos escucha.

Por ejemplo, vas de paso y de repente te encuentras con un amigo que camina desganado y arrastrando los pies, cabeza baja y con los hombros caídos; ¿qué pensarías si al preguntarle cómo está, te responde en voz muy baja: "fantástico"?

¿Qué parte del mensaje vas a creer: la palabra "fantástico", el tono bajo y deprimido de su voz, o su postura física? Si alguien me responde de esa manera, lo más probable es que ignore la palabra fantástico de su respuesta, ya que los otros componentes del mensaje: el aspecto vocal y el visual, están contradiciendo totalmente al mensaje verbal.

De hecho, el doctor Morabian encontró que la parte verbal del mensaje —las ideas y la información en sí— solo influye en las decisiones y acciones de quien nos escucha en un 7%. Eso es todo. Mientras que la parte vocal influye en un 38% y la parte visual —el lenguaje corporal— en un 55%.

De manera que cuando la parte vocal y visual de nuestro mensaje —gestos, tono de voz y expresión corporal— que constituyen conjuntamente un 93% del mensaje, muestran cualquier nivel de inconsistencia con lo que estamos diciendo, con toda seguridad estaremos perdiendo credibilidad. No importa qué tan lógicas y claras sean nuestras ideas, qué tan bien hayamos preparado nuestra presentación o con qué tanta profundidad sepamos de lo que estamos hablando, nuestro oyente no creerá el mensaje, o por lo menos, no lo aceptará ni se dejará influir por él. Y cuando esto sucede si se trata de un posible cliente, puedes estar seguro de una cosa: no habrá venta.

En el campo de las ventas, el concepto seguridad por parte del vendedor, tanto hacia el producto como en su presentación es de vital importancia e influye directamente sobre la decisión del cliente. Así que una inconsistencia producirá siempre los mismos resultados, una respuesta negativa por parte de él.

¿Qué crees que pasará si realizas una presentación de ventas ante un cliente potencial, pero cuando hablas del producto, tu postura refleja inseguridad o confusión, o tus manos se mueven nerviosamente y tu mirada es un tanto evasiva?

Así hayas hablado muy bien acerca de la calidad del producto, o hayas hecho énfasis en que el producto que ofreces es insuperable, ten la plena seguridad que tu mensaje verbal no logrará en tu cliente los resultados que esperas. No solo no creerá tu explicación, sino que tu lenguaje corporal creará desconfianza en él. Tu postura inconsistente le hará creer que tus palabras no son sinceras o que estás ocultando algo, así estés siendo totalmente honesto.

Pues bien, piensa entonces en que el primer paso para convertirte en un gran vendedor, en una persona que expresa entusiasmo, fuerza y convicción al hablar de su negocio, de sus productos o de su empresa, es examinar cuidadosamente la consistencia entre los tres aspectos que componen tu lenguaje. Si ves que estás fallando en alguno de ellos, comienza a trabajar en mejorarlo.

Una buena manera de descubrir qué tan bien te estás comunicando es grabar tu presentación. Lo óptimo sería poder grabar una de tus presentaciones reales, frente a uno de tus clientes, ya que esto te permitiría observar los tres aspectos de tu mensaje. Si no es posible, pide a un amigo que represente el papel del cliente, y si la puedes hacer en video, pues mucho mejor; si definitivamente no es posible, por lo menos graba tu presentación. Esto te permitirá escuchar cómo te oyen los demás cuando hablas. Esta es la única manera en que podrás apreciar qué tanta energía transmites cuando hablas, y podrás identificar los atributos y las debilidades en tu manera de expresarte.

De cualquier manera, analiza cuidadosamente tu presentación. ¿Qué te gusta de ella? ¿Qué necesitas cambiar? Si trabajas en ello seguramente te convertirás en un mejor vendedor. El ignorar lo que sabes que debes cambiar te está robando la oportunidad de alcanzar mayores metas.

Veamos en más detalle cada uno de estos tres modos de mensajes y lo que podemos hacer para asegurarnos que estamos llegando a nuestro futuro cliente con convicción y entusiasmo porque es lo que reflejamos y dejamos ver a través de nuestra entonación, postura y expresión corporal.

Mensaje verbal (vocabulario adecuado)

Antes de cualquier presentación debes asegurarte que sabes de lo que vas a hablar, no hay nada más incómodo que escuchar a una persona que demuestra no dominar el tema al cual se está refiriendo. Y esto aplica en toda forma de conversación, ya sea que estés conversando con tu pareja o tus hijos, que te encuentres frente a un cliente, frente a tu equipo de trabajo, o que te estés dirigiendo a una audiencia de miles de personas. Y más todavía es particularmente frustrante si quien no sabe de qué está hablando es el vendedor que supuestamente te está tratando de ayudar. Como lo debes asumir y suponer, esta es una de las razones por las cuales las personas no compran.

Si verdaderamente deseas dar fuerza y energía a tu presentación, recuerda que un vocabulario rico y la habilidad para utilizarlo, es la diferencia entre lo apropiado y lo espectacular. *Ten siempre presente que en la inmensa mayoría de los casos, obtener los resultados deseados no depende necesariamente de lo que digas sino de cómo lo digas.* En ocasiones, todo lo que necesitamos para darle una inyección de poder a nuestro mensaje es cambiar algunas palabras. Utiliza palabras pintorescas. Recuerda que el cerebro piensa en imágenes. Si le ayudas con palabras que sean fáciles de visualizar, la comunicación será mucho más ágil. Así lo demuestra el siguiente ejemplo:

Cierta persona deseaba vender su casa y había tratado de hacerlo por varios meses, a través de diferentes agencias, sin ningún resultado. Los avisos que ellas utilizaban eran algo así por este estilo:

> **VENDO** *hermosa casa con garaje, espacioso jardín, cuatro cuartos, y chimenea. Posee aire acondicionado, calefacción y acceso conveniente a escuelas y centros comerciales.*

Sin embargo, es bien sabido que las personas no compran características o beneficios, a menos que se puedan ver disfrutando de ellos en su propia vida.

Todos estos detalles y características son importantes a la hora de ofrecer cualquier producto, pero recuerda que la decisión de compra del cliente por lo general está basada más en sus emociones que en argumentos lógicos. Así que, si deseamos ser efectivos en el campo de las ventas, tenemos que poder ayudar a nuestros clientes a crear y experimentar las emociones y sentimientos que les permitan tomar la decisión de comprar nuestro producto.

Como pasaron varios meses sin obtener resultados que hicieran efectiva la venta de la casa, el propietario decidió tomar las cosas en sus propias manos y publicar un anuncio que transmitiera sus sentimientos, sin olvidar las características y beneficios.

He aquí el anuncio que publicó:

¡EXTRAÑAREMOS NUESTRO HOGAR!

Hemos sido felices en él, pero infortunadamente cuatro cuartos ya no son suficientes y por tal razón debemos mudarnos.

Si le gusta el calor de la leña quemándose en la chimenea mientras admira la naturaleza a través de grandes y espaciosos ventanales; si le agrada un jardín despejado, propicio para admirar las puestas de sol, y desea disfrutar de todas las ventajas de un hogar bien situado, es posible que usted quiera comprar nuestro hogar.

Esperamos que así sea. No quisiéramos que estuviera solo para estas navidades.

La casa se vendió al día siguiente. Cuando tú como comprador lees este aviso, lo primero que te imaginas es una familia feliz para la cual simplemente la casa ya es demasiado pequeña, no es que haya nada de malo con la casa, simplemente la familia ha crecido y necesita una casa más grande. Pero lo más importante es que el aviso te ayuda a visualizarte disfrutando de los beneficios que esa casa ofrece. Este es, sin duda alguna, el mejor ejemplo de que a pesar de que el mensaje verbal representa solo un 7% de lo que tu cliente tomará en cuenta al momento de decidir si compra o no, *hay maneras mucho más efectivas de decir las cosas: lo importante no es lo que digas, sino cómo lo digas.*

Mensaje vocal (modulación de la voz)

En esta área más que en cualquier otra se trata de mantener un balance. Nuestra voz es capaz de transmitir cientos de emociones, además de ser una de las herramientas más importantes que poseemos para comunicarnos. Cómo la manejemos, determina qué tanta efectividad tengamos al momento de comunicar cualquier idea.

El hablar pausadamente transmite tranquilidad. Pero el hacerlo demasiado despacio puede crear monotonía. Hablar un poco más rápido de lo común le da dinamismo a tu mensaje, pero hacerlo excesivamente rápido puede crear nerviosismo y ansiedad en tu cliente.

Así que estudia tu voz y determina qué cambios puedes hacer a tu manera de hablar para darle más energía a tu mensaje.

He aquí algunas cosas que puedes hacer para dar más fuerza, emotividad y seguridad a tu voz.

Evita hablar de una manera monótona. Aprende a utilizar varios volúmenes y tonos para dar fuerza a tu mensaje y transmitir diferentes emociones. Sube el volumen cuando sea necesario, bájalo si quieres atraer la atención de tu cliente, o dale más velocidad si deseas agregar mayor dinamismo a cierta parte de tu presentación. Respira, tómate tu tiempo al hablar. Elimina los acentos demasiado marcados que puedan distraer a tu cliente potencial del verdadero mensaje.

Otro aspecto de interés es prestar mucha atención a tu voz por teléfono. No olvides que cuando hablas por teléfono, quien te escucha, no puede verte. Entonces, la entonación, el volumen y la resonancia de tu voz, en este caso se vuelven aspectos de importancia porque son responsables por un 84% del impacto emocional y la credibilidad de tu mensaje.

Después de todo, si la otra persona no puede evaluar tu mensaje visual, no tienes la oportunidad de llegarle a ella con ese 55% que es el lenguaje corporal. La única opción que tienes para imprimirle dinamismo y fuerza a tu mensaje es acentuar aún más otros aspectos como el volumen de tu voz, la velocidad, la entonación y el énfasis que hagas en cada una de tus palabras.

Mensaje visual (todo lo que nuestro interlocutor ve)

Es vital tener en cuenta que cuando hablas, todo tu cuerpo habla. Pocas personas son conscientes de cuántas cosas revelan acerca de sí mismas con el lenguaje de su cuerpo y las expresiones de su rostro. Debemos prestar siempre atención a nuestra postura, a los gestos de la cara y a la manera como nos situemos ante las demás personas cuando les estamos hablando, ya que todo esto inyectará o restará fuerza a nuestro mensaje. Cuando estás realizando la presentación de tu producto, generalmente los ojos de quien te está escuchando se centran la mayor parte del tiempo en tu cara, de tal manera que debemos ver si todos los gestos que hacemos mientras hablamos nos están ayudando a comunicar nuestro mensaje, o si por el contrario se están convirtiendo en un obstáculo.

La persona promedio hace un gran número de gestos, muecas y expresiones faciales mientras habla, que pueden complementar o restar fuerza al mensaje. La boca que sonríe y hace otros gestos, la frente que puede fruncirse, las cejas que pueden mostrar una gran variedad de estados de ánimo son de hecho, las expresiones faciales que se convierten en las herramientas de comunicación no verbal más elocuentes que tienes a tu disposición. Naturalmente, el lenguaje del rostro no siempre es fácil de interpretar ya que es posible que ciertas señales faciales estén ocultando emociones contradictorias.

¿Qué puedes hacer entonces para dominar las expresiones faciales de manera que puedas comunicar exactamente lo que quieres, particularmente cuando sientes que te es difícil expresar tus emociones? No reprimas las emociones, cuando te das a ti mismo la oportunidad de expresarlas en lugar de reprimirlas, no solo te conviertes en un comunicador interesante y persuasivo, sino que te sientes más cómodo al descubrir quién eres. Esto no solo te ayuda en el campo de las ventas sino en cualquier área de tu vida.

Así que aprende a utilizar favorablemente tu propio lenguaje corporal y a interpretar correctamente el lenguaje corporal de los demás. Esto es de gran importancia, ya que como dice aquel popular adagio, *la primera impresión es la que cuenta, y nunca recibiremos una segunda oportunidad para lograr una primera buena impresión.*

La impresión que transmites en los primeros dos segundos es tan fuerte, que toma aproximadamente cuatro minutos para agregar un 50% más a esa primera impresión. Y ¿sabes qué? Esos dos primeros segundos son casi exclusivamente visuales, porque en dos segundos no has tenido la oportunidad ni de abrir la boca para pronunciar una sola palabra.

En alguna oportunidad hablando con entrevistadores de personas que buscaban trabajo, manifestaron que por lo general deciden a qué aspirante contratar durante los cuatro primeros minutos de su entrevista, así la entrevista dure media hora o más.

Muchas veces la decisión se toma incluso antes de que el aspirante haya dicho una sola palabra. En tales casos, el entrevistador ni siquiera ha examinado el expediente del aspirante y no posee ninguna información sobre sus capacidades. Su decisión ha sido tomada basándose exclusivamente en su lenguaje corporal.

Si un 55% de la credibilidad que las demás personas tendrán hoy en lo que yo diga, depende de la imagen que proyecte, es hora de preguntarme: mi apariencia personal y mi manera de vestir, ¿me están ayudando o están enviando el mensaje equivocado?

Hace algunos años estaba buscando una persona que manejara la parte contable en mi empresa. Cuando entrevisté al primer candidato, bastaron solo diez segundos para llegar a la conclusión de que sus conocimientos eran obsoletos y sus ideas demasiado anticuadas.

Una vez que salió de la oficina, me di cuenta que la única razón por la cual pensé que sus conocimientos eran anticuados fue por su forma de vestir anticuada. A nivel inconsciente, me tomó solo unos segundos llegar a la conclusión de que si su manera de vestir era anticuada, sus ideas, seguramente serían igualmente anticuadas. Bastó eso para poner una barrera entre él y yo.

¿Es justo este juicio apresurado? Por supuesto que no. Pero ¿sabes qué? Justo o no, esa es la manera en que opera nuestro cerebro y el de todo el mundo. *Así que cuida tu postura, cuida tu apariencia personal y tu manera de vestir ya que todo eso influirá grandemente en las decisiones de tus clientes.*

Recuerda, cuando tú hablas todo tu cuerpo habla, pero es importante tener presente que la interpretación de estos gestos es una interpretación subjetiva, no es una ciencia exacta. Un gesto puede ser puramente físico y no tener ninguna importancia psicológica. Así que la única manera de interpretar el mensaje corporal es prestando atención a todo el mensaje y escuchando con interés para ser genuinos y honestos en la comunicación de nuestras ideas y sentimientos.

CAPÍTULO 6

Etapas del proceso de ventas

—————————— ✦ ✦✦✦ ✦ ——————————

Recomendación No. 6

El proceso de la venta consta de dos etapas. La primera consiste en establecer la conexión con nuestros clientes, de manera que ellos sepan que nosotros somos la persona más indicada con la cual ellos pueden realizar sus negocios. Una vez hayamos logrado esto, podemos pasar a la segunda etapa, que consiste en la presentación y venta de nuestro producto o servicio.

¿Cómo podemos desarrollar una buena comunicación con nuestros clientes? ¿Qué podemos hacer para crear una atmósfera de confianza que nos permita hacer un buen cierre de ventas? El vendedor estelar triunfa gracias a que ha logrado ganar la confianza de sus clientes. Él sabe que el secreto de una vida exitosa en el campo de las ventas está en desarrollar una buena comunicación con los clientes, y establecer una relación que vaya más allá de una sola venta.

A continuación, voy a referirme a las dos etapas que se presentan en el proceso de las ventas, un concepto que estoy seguro te ayudará no solo a cerrar una venta sino a desarrollar esa atmósfera de confianza que te permita contar con clientes asiduos y leales para crear una relación de negocios que perdure.

Lo primero es entender que tu personalidad, confianza y carisma influyen en la decisión del cliente de hacer o no, negocios contigo. *Sin importar el grado de profesionalismo que poseas como vendedor, tu personalidad afecta profundamente la relación con tus clientes.* Si nosotros somos los clientes, siempre preferiremos hacer negocios con aquellas personas con quienes nos sentimos a gusto, con quienes nos hemos compenetrado y hemos logrado desarrollar una buena relación.

Cuando nos encontramos frente a nuestros clientes, uno de nuestros objetivos primordiales debe ser lograr que ellos se sientan a gusto con nosotros, y que no duden en brindarnos su confianza.

Una vez establecemos esta conexión y creamos cierto nivel de confianza, podemos estar seguros de nuestro éxito en la negociación, porque es sabido que la gente opta por hacer negocios con aquellas personas en quienes confía. Si tus habilidades para establecer este vínculo con las demás personas son limitadas, seguramente la gente te evitará. De hecho, este es uno de los factores que con mayor frecuencia diferencian al vendedor promedio del vendedor estelar.

Sin más, iniciemos con la primera parte del proceso de las ventas que consiste en ofrecer nuestros servicios personales, lograr establecer una conexión de mayor cercanía con nuestros clientes, y crear una atmósfera que les dé la confianza de saber que nosotros somos la persona más indicada con la cual ellos pueden realizar su compra. Este paso determina qué tan lejos podemos llegar en nuestra relación con el cliente. Si logramos hacerlo bien, la segunda etapa, que consiste en la presentación y venta de nuestro producto o servicio, será mucho más fácil.

Como es de suponer, la duración de la primera fase es un tanto impredecible. El establecer este grado de confianza puede tomar unos segundos, minutos, horas, días, meses o hasta años. Acuérdate que lo que estás intentando construir en tu cliente es confiabilidad, fe y tranquilidad, no todas las personas desarrollan este estado de ánimo a la misma velocidad. Sin embargo esta conexión que estás construyendo es como un puente que le ayudará a tu cliente a encontrar el significado y la intencionalidad de lo que tú le dices.

En ocasiones esta conexión parece ocurrir de manera inmediata —el equivalente de lo que conocemos como amor a primera vista—, mientras que en otras, puede prolongarse durante largo tiempo. Y a pesar de que no queremos que se prolongue más de lo necesario, algunos vendedores pretenden establecer esta conexión de manera instantánea e ignoran su importancia, o peor aún, simplemente omiten este proceso y nunca llegan a crear en sus clientes suficiente confianza para que ellos tomen una decisión favorable.

En varias ocasiones he tenido la oportunidad de observar vendedores que ignoran por completo, o no tienen idea de la existencia de esta primera etapa de la venta. Escasamente saludan al cliente y a los pocos segundos se les puede oír diciendo algo así como: "Bueno, vamos al grano. A lo que vinimos. Vamos a hablar de negocios". Y mientras este vendedor ya está listo para tomar la orden de pedido, su cliente potencial aún está tratando de decidir si confía en él lo suficiente como para decirle su nombre, o para empezar una relación comercial con él. En este caso, no puedes impacientarte, ni esperar cinco años a que se cree una gran amistad antes de que puedas pedirle una orden, pero tampoco puedes olvidar que estás creando una relación de confianza y tranquilidad.

Indudablemente, habrá personas con quienes vas a poder conectarte instantáneamente, pero habrá otras con quienes esto no va a ocurrir. Imagínate qué hubiera sucedido si cinco segundos después de haber conocido a quien hoy es tu pareja le hubieras preguntado: "Bueno, a lo que vinimos. Vamos al grano. ¿Te quieres casar conmigo? ¿Sí o no?" Pues seguramente ella habría dado media vuelta y se hubiera marchado inmediatamente.

Pues bien, de esa manera es que muchos clientes potenciales responden ante la impaciencia de aquellos vendedores que no están dispuestos a invertir un poco de tiempo en crear esa atmósfera de confianza que les facilite tomar la decisión de comprar.

Así que lo importante no es cuánto tiempo tome este primer paso del proceso: *lo importante de entender es que si logras vender tus servicios de manera exitosa, no solo la venta del producto será mucho más fácil de realizar, sino que es posible que hayas conseguido un cliente de por vida.* De otro lado, si no logras esa empatía, si no logras crear esa conexión, esa cercanía con tu cliente, no importa qué tan bien conozcas tu producto o servicio, la venta será extremadamente difícil y quiere decir que no has encontrado la forma adecuada para comunicarte con tu cliente; no has encontrado la manera de ayudarlo a identificarse contigo y si ese es el caso y sientes que no lograste establecer esa conexión, lo que debes hacer es no insistir con el ofrecimiento de tu producto, sino más bien, continuar cultivando la amistad con esta persona hasta que llegue el momento en el que sientas que ya hay mayor cercanía.

Una y otra vez escucho historias de personas que han cosechado grandes éxitos en el campo de las ventas, sobre clientes con quienes les tomó meses y hasta años crear una relación de confianza, antes de que pudieran realizar esa primera venta. Y hoy, son clientes leales, con quienes han trabajado por muchos años, todo como resultado de haber entendido que hay cosas que simplemente no se pueden apurar.

¿Cómo llegar a la mente de tu cliente?

Se hace necesario establecer mucha conexión con tu cliente, tal como hemos venido hablando porque de lo contrario te expones a perderlo, dado que él espera mucho de ti, si no recibe eso que espera, tiene bastantes opciones de dónde escoger, puesto que hay miles de empresas, miles de proveedores y miles de vendedores que seguramente le ofrecen los mismos productos o servicios que tú le vas a ofrecer.

¿Qué puedes hacer para asegurarte que tu mensaje es escuchado por el cliente con una mente abierta y receptiva?

La relación con tu cliente en general, y tu presentación de ventas en particular, deben semejarse a una calle de dos vías. La información fluye mutuamente entre tú y tu cliente. Los dos escuchan y asimilan lo que la otra persona ha dicho, lo evalúan, lo asocian o comparan con otra información ya conocida en su mente subconsciente y después dan una respuesta.

Gran parte de este proceso de asimilación, evaluación y asociación ocurre en nuestra mente, de manera que podríamos decir que es imposible comunicarnos con nuestros clientes, o con cualquier persona, a menos que logremos penetrar en su cerebro o en su mente. Por esta razón es tan importante saber cómo puedes tú, en tu papel de vendedor o asistente de comprador, asegurarte que tu mensaje, o que tus ideas están llegando a la mente de tu cliente potencial o de quien te escucha.

Para asegurarnos de que la presentación de nuestro negocio o producto llegará a la mente de nuestro cliente potencial, debemos tener en cuenta que antes de que dicha información llegue a la parte racional del cerebro —al centro de toma de decisiones del cerebro —debe pasar a través de una puerta, de un puente, que es lo que conocemos como cerebro primario.

El cerebro primario es la parte instintiva, e intuitiva del cerebro. Su función es alertarnos acerca de todo aquello que pueda representar un peligro para nosotros. Ante cualquier tipo de información o estímulo que recibe del mundo exterior, su función es decidir si esta información —o la fuente de la cual proviene— representa algún peligro o es digna de confianza.

Cuando hablas con otra persona, particularmente con alguien que acabas de conocer, como es el caso de estar compartiendo una oportunidad de negocio o realizando una presentación de ventas, el interés principal del cerebro primario de tu interlocutor no se centra necesariamente en tu mensaje, sino en determinar si eres alguien en quien se puede confiar o si por el contrario, constituyes algún peligro. Durante esos primeros instantes, su mayor preocupación es decidir si eres amigo o enemigo; si inspiras confianza o desconfianza, seguridad o inseguridad. Pero él no toma esta decisión juzgando la información que tú le estás presentando, sino evaluándote, evaluando tus gestos, tu mirada, tu postura, tus movimientos y basado en lo que determine, facilitará o negará el paso de tu información para ser analizada y utilizada en la toma de decisiones.

Nuestro cerebro primario es un guardián muy precavido, muy celoso en el momento de decidir qué información acepta y cuál no.

Si al escuchar una presentación de negocios percibes cierta intranquilidad interna, experimentas cautela excesiva o sientes que estás con la guardia en alto, muy seguramente es tu cerebro primario indicándote que algo le incomoda.

Siempre que enviemos un mensaje, transmitamos una idea, compartamos una oportunidad de negocio o comuniquemos cualquier cosa a otra persona, debemos preguntarnos: ¿llegará nuestro mensaje a su destino o será rechazado por el *guardián mental* de nuestro interlocutor?

Antes de preocuparte por lo que decidirá tu interlocutor sobre tu presentación, o cuál será su respuesta a tu propuesta, o qué opinará sobre tu ofrecimiento, debes asegurarte que la información va a llegar a su destino. Cuántas veces tú mismo has perdido una gran oportunidad porque no lograste que la otra persona siquiera te escuchara con atención. Estaba oyéndote, pero podías ver que tu mensaje no le estaba llegando. Y ¿cómo lograr el permiso de ese guardián mental para que tu información llegue a la mente de tu cliente? No con la lógica del mensaje, sino con la confianza, con el entusiasmo y la armonía que inspires; con la calidez de tu voz, con la tranquilidad de tu postura y la sinceridad de tu sonrisa —todos estos aspectos no verbales de la comunicación que dicen mucho más que las palabras, y que constituyen el lenguaje que entiende el cerebro primario—.

Con mucha frecuencia, cuando menciono la importancia de estos aspectos profesionales en el campo de las ventas, escucho algunas personas que me dicen: "¿qué puedo hacer si esa no es mi personalidad?", "yo no soy extrovertido", "mi problema es que suelo ponerme muy nerviosa cuando hablo", "no tengo esa capacidad de convencimiento", o simplemente "es que yo no sirvo para hablar en público".

Pues quiero decirte que debes aprender cómo lograr que tus ideas lleguen a quien te escucha y por encima de todo, evitar utilizar cualquiera de estas excusas que te alejan de las cualidades y destrezas que caracterizan al vendedor estrella. Entiende que si quieres triunfar en cualquier profesión, debes mejorar las relaciones con otras personas, buscar ser más persuasivo y lograr que los demás sean más receptivos a tus ideas.

El verdadero poder de los grandes vendedores es lograr que otras personas vean que es posible confiar en ellos, en sus ideas y en su producto. El vendedor exitoso es, sobre todo, un gran comunicador. Y no se trata simplemente de aprender a hablar en público, o de evitar ponernos nerviosos cuando estamos hablando frente a un grupo de personas. De lo que sí se trata es de poder crear confianza en nuestros interlocutores, ya sean nuestros clientes, nuestros asociados, o nuestra pareja o hijos, de manera que nuestras ideas sean escuchadas y aceptadas, y tengan la posibilidad de influir en las decisiones de otros.

¡Eso es todo!

Los vendedores estelares no se limitan a tratar de persuadir a la parte intelectual y racional del cerebro de su cliente. Ellos saben que la parte emocional e instintiva del cerebro juega un papel igualmente importante en la toma de decisiones. Por esta razón, siempre prestan atención a esas otras señales que constituyen el lenguaje sin palabras: los gestos, la postura, el tono de voz, el contacto visual, los movimientos y cualquier otro tipo de comunicación no verbal. Porque todas estas señales son las encargadas de convencer al cerebro primario de quien te escucha, antes de que tus ideas, o la parte verbal del mensaje, sea escuchado. Así, para convertirte en un comunicador persuasivo debes lograr convencer al cerebro primario de quien te escucha de que puede confiar en ti, y que tú representas confianza y seguridad.

Recuerda que las personas solo creen en quienes pueden confiar y solo confían en quienes pueden creer. Y finalmente siempre deciden comprar a aquellos en quienes pueden confiar y creer. Otra cosa importante y para tener en cuenta es que algunos prospectos o clientes potenciales podrán confiar en ti desde el primer momento, pero la gran mayoría, para desarrollar esta confianza necesitará interactuar contigo durante algún tiempo; entonces es vital estar atento, observar y analizar tu comportamiento, evaluar si tu voz proyecta seguridad o no, si denota autoridad, si tus manos se mueven nerviosamente, si tu mirada es evasiva o vacilante o, por el contrario, transmites seguridad y firmeza.

¿Te ha sucedido alguna vez que puedes ver o escuchar a ciertas personas e inmediatamente sientes que puedes confiar en ellas, pero no sabes exactamente por qué? Es lo que llamamos intuición; nos referimos a esta habilidad para apreciar si una persona es sincera o no, algo así como un sexto sentido. Sin embargo, lo único que ha sucedido es que esta persona ha inspirado en nosotros la confianza que nuestro cerebro primario necesita percibir para abrir de par en par las puertas de nuestra mente.

El logro de un sueño es la consecuencia lógica de un proceso, así que debes preguntarte siempre cómo vencer los obstáculos y cómo llegar con tus mensajes al cerebro primario de tus clientes para cerrar ventas y obtener excelentes resultados, si estás dispuesto claro a ser un excelente vendedor o vendedora.

CAPÍTULO 7

Decisión de compra: producto y beneficios vs. *vendedor y actitud*

—————— ✦ ◆ ✦ ——————

Recomendación No. 7

El vendedor que triunfa sabe cuáles son las razones más comunes que impiden que las personas compren. Él entiende que su papel más importante es ayudar a sus clientes a eliminar sus propias objeciones. Su principal objetivo es crear una atmósfera de confianza por parte del cliente tanto hacia él como vendedor, como hacia las características y beneficios del producto, donde le sea fácil al cliente tomar la decisión de comprar.

Tomando algunas de las palabras de uno de los libros de David Avrin (*Por qué los clientes nos dejan*), "vivimos en una época maravillosa pero desafiante. Las opciones son muchas y la calidad de los proveedores es alta. Tenemos más posibilidades de elegir que nunca antes. Ten claridad en esto: tú no eres la única gran opción en el mercado. Tus prospectos tienen innumerables opciones —incluida la opción de ¡no comprar nada en absoluto!"

Así que entonces, uno de los primeros pasos que debemos dar si queremos aumentar nuestro volumen de ventas, o expandir nuestra lista de clientes es entender cuáles son las razones por las cuales las personas no compran.

Según los resultados de una encuesta a más de un centenar de clientes corporativos, dirigida a descubrir cuáles eran las razones que con mayor frecuencia les impedían comprar, realizada por la Escuela de Negocios de la Universidad de Harvard, el 30% de ellos no compró debido a que desde su punto de vista, los vendedores ni siquiera se tomaron la molestia de conocer su empresa o los procedimientos de compra utilizados antes de hacer la primera visita. Otro 33% consideró que los vendedores fueron demasiado agresivos, irrespetuosos y exagerados; que desconocían su competencia y no supieron explicar adecuadamente su producto. Un 18% se rehusó a comprar debido a que el vendedor no mostró ningún interés por descubrir sus necesidades, mientras que otro 17% no lo hizo por falta de un seguimiento oportuno. Lo curioso es que menos de un 2% de estos compradores no dejaron de comprar por considerar que el precio estaba demasiado alto.

Lo que esta encuesta demuestra es que en la mayoría de los casos en que el cliente potencial decide no comprar, la razón principal tiene poco que ver con el producto, el precio o los beneficios y mucho con el vendedor, su actitud, conocimiento y profesionalismo.

Así que como vendedores no debemos dar nada por hecho, solo debemos ingresar al mundo de la magia de las ventas con la mejor actitud hacia nuestros clientes o posibles clientes.

A continuación, identificaremos los cinco obstáculos que, con mayor frecuencia, impiden a un cliente potencial tomar la decisión de compra.

Cuando un cliente potencial se niega a comprar nuestro producto o servicio, a pesar de nuestra insistencia, así reforcemos una y otra vez sus beneficios, la garantía, o el buen precio, asumimos que no está interesado en el producto, o que debe haber algo mal con la presentación, que de alguna manera no está despertando en nuestro cliente su interés; decidimos entonces olvidarnos de él y salir en busca de otro prospecto. Y aunque la falta de interés puede ser una de las razones que detienen a muchas personas para adquirir un producto, la verdad es que no es ni la única razón, ni la más importante.

Es indudable que las personas compran por un sinnúmero de motivos. No obstante, el proceso que conduce a esta decisión parece ser siempre el mismo. En este capítulo examinaremos en detalle algunos de los factores que afectan la decisión del cliente para comprar o no hacerlo.

En su mayoría, los clientes ubican todos los beneficios que creen que recibirán al comprar el producto en un plato de la balanza, y en el otro, colocan el costo o precio que deben pagar por obtenerlo. Si durante esta evaluación sienten que los beneficios y las emociones que experimentarán al adquirir el producto pesan más que el dinero que costará adquirirlo, optarán por comprarlo.

Aquellas personas que no compran han concluido que los beneficios y las ventajas que derivarán de la adquisición de dicho producto, no pesan tanto como para actuar inmediatamente. Sienten que el precio es tan elevado que aun cuando la necesidad exista, sería una locura proseguir con la compra.

Es importante entender que esta evaluación es muy subjetiva, ya que lo que estamos pesando son sentimientos, emociones y niveles de necesidad que tienen un valor relativo. *En tal sentido, vale la pena tener siempre presente que la gente no compra un producto; compra la promesa de disfrutar de los beneficios que surgen de la adquisición de dicho producto.*

Las personas no compran basadas en lo que escuchan o ven. Ellas compran basadas en lo que ven, escuchan y creen. Esta última parte, es donde la credibilidad, convicción y confianza que inspires en ellas, te separarán de tu competencia.

Se dice que el cliente siempre tiene la razón. Pues bien, eso es cierto, pero también lo es que no la tenga; si tú como vendedor manejas la situación con una relativa flexibilidad que te permita explicarle sus razones, pero también retenerlo para seguir ofreciendo tu producto, podrás generar a través de tu seguridad, toda la confianza que tu prospecto necesita para arriesgarse a establecer una relación comercial contigo.

Quienes no compran tu producto no lo hacen por una de las siguientes razones: falta de conocimiento del producto, falta de dinero, falta de necesidad, falta de decisión y urgencia; y falta de confianza. Veamos más de cerca cada una de ellas para descubrir las verdaderas razones que se ocultan tras la objeción inicial. Solo así sabremos cómo responder a ellas y cómo ayudar a nuestros clientes a superar dichas objeciones.

1. Falta de conocimiento del producto

En este punto no necesariamente queremos decir que el cliente no tiene conocimiento de tu producto, no sabe de su existencia, o no sabe que lo puede adquirir de ti, aunque indudablemente es lógico que, si un cliente potencial no sabe de tu producto, ni sabe que tú lo ofreces, difícilmente va a comprarlo. A lo que nos referimos es al hecho de que muchos clientes no compran debido a la falta de conocimiento del producto por parte del vendedor.

Tan absurdo como pueda parecer, existen muchos vendedores que no tienen la menor idea de lo que están vendiendo. Y como seguramente, algunos de nosotros lo hemos experimentado en algún momento, no hay nada más desconsolador y frustrante para un cliente potencial altamente motivado, que encontrarse con un vendedor que no conoce su producto, que no tiene la más remota idea de lo que está hablando y no se ha tomado la molestia de aprender el arte de vender.

Curiosamente, estas son las mismas personas que no se explican por qué no han podido triunfar en el campo de las ventas. Ellas no han logrado entender que el éxito en esta profesión va en proporción directa a su disposición para capacitarse y aprender acerca de su producto, el mercado, su negocio y el proceso de las ventas. En su absurdo desconocimiento, creen que lo único que van a necesitar para triunfar es tener una personalidad amigable y contar con suerte.

Recuerda, las personas que han logrado grandes éxitos en el campo de las ventas son aquellas que han podido hacer la transición para pasar de ser simples vendedores a ser asesores del comprador. Ellos se ven a sí mismos como los encargados de orientar y aconsejar al cliente en todo lo referente a la compra que desea realizar. Si tú no conoces el producto o el servicio que estás ofreciendo, difícilmente podrás hacer que otra persona desee utilizar tus servicios como asesor —que, como vimos en algún capítulo anterior, es la primera etapa del proceso de las ventas—.

Es como si fueras al médico, y él te dijera que debes operarte pero no está seguro si es del corazón, de los riñones o del hígado. ¿Qué tanta confianza te inspiraría? Lo más probable es que tu cerebro primario vería a ese médico como imprudente y como una fuente de peligro. Lo cierto es que él puede tener la mejor personalidad del mundo, puede ser muy buena persona, pero lo más seguro es que tú no te dejes operar por ese médico.

Así que la primera razón por la cual muchas personas no compran es por la falta de conocimiento del vendedor.

¿Qué puedes hacer? Convertirte en un estudiante de todos los aspectos que afectan tu capacidad para vender. Eso es ser un vendedor verdaderamente profesional. *Las personas que aceptan este reto son las personas que pasan a ser parte de ese grupo del 20% de los vendedores más productivos que generan el 80% de las ventas y que obviamente son los que mejor ganan.*

2. Falta de dinero

La falta de dinero es muy probable que sea la segunda razón por la cual no se toma la decisión de comprar y que todos hemos utilizado como excusa alguna vez, con un solo propósito: deshacernos del vendedor que está tratando de ofrecernos algo. Esta es una manera fácil de excusarnos de comprar. No le estás diciendo al vendedor que su producto no es bueno, ni que él no es un buen vendedor, ni que no te interesa su producto; simplemente, le estás diciendo que no tienes dinero. Eso es todo.

Aunque muchas de las personas que dicen no tener el dinero para comprar, en verdad no lo tienen, lo cierto es que la mayoría de ellas lo poseen, pero no están seguras de querer gastarlo contigo en el producto que tú les ofreces. En otras palabras, no están totalmente convencidas de que tú seas la persona indicada con quien entablar una relación comercial. A lo mejor tu presentación no ha sido lo suficientemente convincente, o no están seguras de que tu producto o tu negocio sea lo que ellas verdaderamente están buscando.

Porque cuando uno está totalmente convencido de querer adquirir determinado producto o servicio, encuentra la manera de obtener el dinero para comprarlo ya sea por medio de un préstamo, o utilizando el dinero que se tiene ahorrado, o buscando financiación. La única verdad a este respecto es que *las personas compran aquello que quieren cuando desean tenerlo, más de lo que quieren el dinero que deberán pagar por dicho producto o servicio.*

Así que la próxima vez que escuches de un cliente potencial las palabras: "no tengo dinero", lo único que eso quiere decir es que aún no has terminado tu labor de venta.

3. Falta de necesidad

En cierta ocasión un vendedor se me acercó durante una presentación que realizaba sobre este tema y me dijo: "mi gran problema es que yo tengo un mercado muy reducido debido a que mi producto no es de primera necesidad". Así es, la tercera razón por la cual las personas no compran es por la falta de necesidad. Y he visto que una de los pretextos más frecuentes de muchos vendedores que quieren justificar su falta de ventas es afirmar que lamentablemente no ofrecen productos de primera necesidad.

Esta no es más que una excusa; por eso siempre que alguien viene a mí con esta disculpa suelo decirle que las personas no solo compran lo que necesitan, ellas también compran aquello que quieren, aquello que desean tener, independientemente de que sea o no una necesidad apremiante. Si solo vendiésemos aquello que las personas necesitan, se venderían muy pocas cosas.

Yo creo que es necesario convencerte y decirte que tengas en cuenta que los vendedores exitosos son expertos en ayudar a sus clientes a ver los beneficios que su producto ofrece. Y quiero que entiendas que no me refiero a engañar o forzar al cliente para hacerle creer que necesita algo que en realidad no necesita, porque esto no es ético y lo único que demuestra es falta de integridad. No se trata de imponer, ni de presionar al cliente, sino de estimularlo. Si actúas a través del engaño, estás actuando sobre bases que nunca te permitirán construir una carrera sólida y exitosa.

A lo que me refiero en realidad es a que muchos clientes potenciales ni siquiera saben que tienen ciertas necesidades. Ellos dicen que no compran porque no necesitan el producto, pero en realidad, no compran porque no son conscientes de sus necesidades. Nadie se ha tomado la molestia de ayudarles a descubrirlas, y ahí es donde entras tú como el vendedor exitoso que eres.

Y como con los ejemplos y los casos reales, los conceptos quedan mucho más claros, quiero compartirles una de mis experiencias como cliente.

Antes de haber adquirido mi primera póliza de seguro de vida, si me hubieran preguntado si necesitaba un seguro de vida, o me lo hubieran ofrecido, seguramente hubiese respondido que no lo necesitaba. Después de todo, hasta ese momento no lo había necesitado, nunca había tenido uno y no me había hecho ninguna falta. Sin embargo, aquella asesora de seguros que se tomó el tiempo para educarme, a pesar de mi negativa inicial, me mostró cómo mi situación personal —con un hijo recién nacido— había cambiado. Ahora sí se hacía necesario que tuviera un seguro de vida. Si algo me sucedía, mi esposa y mi hijo quedarían totalmente desamparados. Sobra decir que en ese momento adquirí el seguro de vida. ¿La razón? Ella, la asesora, se tomó el tiempo para ayudarme a ver una necesidad que ni yo mismo sabía que tenía.

De manera que la próxima vez que escuches: "no gracias, no lo necesito", ya sabes qué es lo que tienes que hacer.

Yo encuentro que muchos vendedores prefieren aceptar la excusa que acaban de oír porque no están realmente entusiasmados con su producto. No están totalmente convencidos de los beneficios que presta. No creen en él. Están dentro del grupo de quienes piensan que lamentablemente su producto no es de primera necesidad y por lo mismo, no es importante adquirirlo.

¿Sabes cuál es mi actitud al respecto? Yo no solo creo en mi producto y en lo que puede representar en la vida de quien lo adquiere, sino que además siento que todo el mundo debería estar peleándose por tener lo que yo vendo.

Si tú no te sientes de esta misma manera acerca de tu producto, más vale que evalúes cuidadosamente por qué estás vendiendo lo que estás vendiendo. Si no estás convencido de que tu producto es lo último en el mercado, o que tu empresa presta el mejor servicio, o que tú eres el vendedor ideal con quién hacer negocios, ¿cómo puedes esperar que tu cliente se sienta entusiasmado o seguro de hacerte la compra?

Es sencillo, si tú no estás convencido, tu cliente tampoco lo estará. Conozco muchos vendedores que ofrecen productos que ellos mismos podrían estar utilizando, porque también los necesitan, pero aun así no lo hacen, y prefieren adquirir los productos de la competencia, lo cual, no tiene ningún sentido.

Si tú no tienes fe y convicción en lo que ofreces, ¿cómo puedes esperar que alguien más la tenga? ¿Qué pensarías si una persona que está ofreciendo un teléfono celular Motorola saca su teléfono Nokia para hacer una llamada, o si te enteras que el presidente de la Ford maneja un Toyota, o que el dueño de la aerolínea Delta vuela por Continental? Seguramente tú pensarías: "pues si esa persona no cree en su producto lo suficiente como para utilizarlo, ¿por qué voy a creer yo?"

Entonces, ama tu producto, convéncete de sus beneficios, para que puedas crear en tu posible cliente la confianza para adquirirlo y sentir que es un producto o servicio que verdaderamente necesita y que no se había percatado de lo útil que le puede ser.

4. Falta de decisión y urgencia

La falta de decisión y urgencia es una de las razones más comunes por las cuales no se da una compra, y una que va a poner a prueba tu habilidad como vendedor.

De las actitudes que más producen frustración entre muchas personas que se inician en el campo de las ventas es: los clientes potenciales no parecen tener la misma urgencia en comprar el producto que la que el vendedor tiene en vendérselo. Ellos no tienen ningún problema en tomarse su tiempo. Quieren pensarlo muy bien antes de tomar cualquier decisión porque la verdad, no tienen ningún afán en gastar su dinero.

Nosotros, por el contrario, necesitamos cerrar la venta lo más pronto posible, porque tenemos cuotas que cumplir y metas que lograr, y porque nuestros ingresos dependen del cierre de ventas. ¿Qué podemos hacer? Obvio, sin comprometer nuestros valores ni principios. Lo primero es entender que por naturaleza, una gran mayoría de nosotros tiende a posponer la toma de cualquier tipo de decisión. Tiende a esperar las "condiciones ideales" antes de actuar.

Teme tomar la decisión incorrecta. Por lo general, los clientes permiten que los invadan las dudas sobre si la compra de dicho producto es la mejor decisión. Buscan que otros validen la decisión que están a punto de tomar, y todo este análisis excesivo termina por paralizarlos. Así que en lugar de arriesgarse a tomar la decisión equivocada prefieren no actuar.

Cuando el cliente no está totalmente convencido que el producto o servicio que se le está ofreciendo es lo que verdaderamente necesita, es cuando tu convicción sobre los beneficios de tu producto y tu entusiasmo como vendedor —o mejor aún, como asesor de comprador— le ayudarán a tu cliente a tomar la decisión acertada en un lapso de tiempo adecuado.

Toda compra es un acto emocional. Y no me estoy refiriendo a la compra impulsiva que, generalmente está influida por alguna táctica publicitaria o de mercadeo, una nueva moda o una rebaja. *Comprar siempre es el resultado de una emoción. Si esta es positiva, el cliente compra, de lo contrario no.*

En tal sentido, la decisión de comprar no es diferente de cualquier otra decisión que tomemos. El ser humano es racional y emocional. Es posible que racionalicemos las decisiones de compra basándonos en cifras concretas y argumentos lógicos, pero al momento de comprar, lo hacemos basándonos en nuestros sentimientos. Es por eso que te invito a analizar cada una de las situaciones o posibles situaciones de compra; no generalices y tómate el tiempo para prever un panorama que te favorezca y te dé la posibilidad de presentar una oferta de acuerdo con el escenario que el cliente te plantee.

En su libro *"Blink: La inteligencia intuitiva"*, Malcolm Gladwell, habla de la importancia de nuestras emociones y nuestro instinto a la hora de tomar decisiones. Gladwell cita varios estudios científicos los cuales muestran a personas que, debido a algún accidente o enfermedad, recibieron un daño en el área emocional del cerebro (la parte prefrontal de la corteza cerebral) son incapaces de tomar decisiones, por más sencillas que estas puedan parecer. Racionalmente, estas personas tienen la capacidad de comprender las diferentes opciones que tienen frente a ellas, pueden identificar los puntos a favor y en contra, pero al momento de decidir, son incapaces de hacerlo.

Aunque estos estudios citan algunos casos extremos, lo cierto es que ellos han dejado muy claro que, pese a que nos gusta creer que siempre actuamos basándonos en argumentos racionales y lógicos, hechos y cifras concretas, por lo general, nuestras emociones juegan un papel determinante en el momento de tomar decisiones.

La indecisión de un cliente en el momento de comprar, no necesariamente es señal de que no haya entendido tu presentación o las cifras y argumentos dados, más bien, puede ser indicación de que existe una emoción negativa que no le permite actuar.

Debemos tener siempre en cuenta que las personas compran cuando creen y confían en el vendedor, cuando el proceso de venta es transparente, y cuando sienten que la compra de dicho producto les hará sentirse bien.

Imagínate que estás en casa de un cliente o prospecto con quien compartes un nuevo producto o una oportunidad de negocio. ¿Cuáles son los elementos presentes? Estás tú, está el cliente potencial y está el producto, servicio u oportunidad que estés ofreciendo. Para que dicha reunión dé los resultados que tú buscas —la venta de tu producto o negocio—, y entendiendo que la decisión de comprar es un acto emocional, tiene que existir cierto nivel de entusiasmo, tranquilidad y seguridad en el ambiente, que le ayude a tu cliente a sentirse confiado acerca de la decisión que está a punto de tomar.

Ahora bien, si dicha confianza no existe en el comprador, no pienses que todo está perdido. Lo importante de entender es que si esta sensación de seguridad y tranquilidad no sale del comprador, puede salir también del vendedor. Tú, como vendedor puedes crear esta atmósfera con tu propio entusiasmo, seguridad y convicción. Con la confianza suficiente en tu producto y el hecho de que este responde a las necesidades de tu cliente, y con la seguridad sobre los grandes beneficios que tu producto traerá a su vida, puedes encargarte de ayudarle a tomar la decisión correcta.

Existen vendedores que creen que están presionando a su cliente, poniéndolo entre la espada y la pared, o tratando de intimidarlo. Indudablemente esa actitud no les permitirá cerrar muchas ventas; es posible también que el cliente perciba ese temor, y seguramente tampoco se sentirá tranquilo de comprar.

El vendedor profesional sabe que lo que verdaderamente está haciendo es ayudando a su cliente a superar la tendencia que todos los seres humanos tenemos, de posponer las decisiones para más tarde. Y puesto que él es consciente de los beneficios que su producto le va a traer a su cliente, no se siente mal ayudándolo a tomar esa decisión.

Veamos un ejemplo: hace poco compré un nuevo teléfono celular. Después de que finalmente acordamos el plan de llamadas que más me convenía, escogimos el modelo apropiado y convinimos el precio que debía pagar, el vendedor me preguntó si deseaba adquirir un plan de protección extra en caso de pérdida o daño o cualquier otra cosa que le sucediera al teléfono, para en ese caso, reemplazarlo.

Mi primera reacción fue decir no. A pesar de que estos planes de protección adicionales son ahora muy comunes en el mercado, la verdad nunca estuve totalmente convencido acerca de la necesidad de este servicio. El mes de garantía que ofrecía el fabricante me parecía suficiente, así que este no era más que un gasto innecesario. De manera que respondí con el acostumbrado: "por ahora no, gracias. Voy a pensarlo y si decido hacerlo regreso después", lo cual —por lo menos en mi caso— es simplemente otra manera de decir, "no pienso gastar un centavo más".

Sin dejarse desanimar por mi negativa, mi asesor de compra me dijo: —"Señor Cruz, yo no suelo adquirir las garantías para muchos de los productos que compro, porque me parecen demasiado caras e innecesarias en muchos casos. Sin embargo, un teléfono celular es algo que se está manipulando constantemente en la casa, en el trabajo, o en la calle. Las posibilidades de que en algún momento se caiga y se rompa, se descomponga o se pierda son mucho mayores que con cualquier otro aparato electrónico". Y con gran entusiasmo y una sonrisa en el rostro me dijo: —"yo le aconsejo que en este caso haga una excepción".

No pretendía presionarme, solo me hacía una sugerencia. Lo que él en realidad estaba haciendo era apelando a mis emociones. ¡Funcionó! Sin embargo, la historia tiene un final feliz. Un par de meses más tarde se me cayó el teléfono y dejó de funcionar. Si no hubiera tenido aquel contrato de protección hubiese tenido que comprar otro teléfono de mi propio bolsillo. En cambio, gracias a su sugerencia, recibí un nuevo teléfono, gratis.

¿Cuál es la moraleja de esta historia? *Tu éxito en las ventas va en proporción directa a tu capacidad para ayudar a otras personas a tomar decisiones.*

5. Falta de confianza

Veamos ahora la razón más común por la cual las personas no compran lo que nosotros vendemos. No solo es la más común, también es una de las más ignoradas: la falta de confianza.

Tan difícil como pueda ser aceptar esto, una gran mayoría de las personas que no compran nuestro producto, lo hacen por falta de confianza.

Quiero aclarar que esto no necesariamente significa que tus clientes duden de tu honestidad, o estén cuestionando tu ética o tu integridad. A lo que me refiero es que ellos no compran porque sienten que no se ha creado una atmósfera de confianza, compenetración, familiaridad y seguridad en la cual les sea fácil tomar la decisión de comprar.

El paso más crítico en construir una profesión en el campo de las ventas es precisamente la confianza. Esta es el resultado de dos aspectos muy importantes: por un lado, es el resultado de nuestra convicción total de que el producto que estamos ofreciendo tiene ventajas claras y bien definidas sobre otros productos, responde a las necesidades y agrega gran valor a la vida de nuestro cliente. Si no creemos esto, no tendremos el poder de persuasión necesaria para construir una carrera productiva en las ventas. De otro lado, esta confianza es también el resultado de haber logrado establecer una conexión personal con nuestro cliente; de haber escuchado sus inquietudes, sus objeciones y sus dudas, y de estar genuinamente interesados en servirles de la mejor manera posible.

Si nuestro interés no es simplemente cerrar la venta por lo que representa para nosotros, sino que también vemos en nuestro cliente una persona con la cual estamos a punto de desarrollar una relación, estaremos creando un cliente para toda la vida.

Después de haber desarrollado investigaciones totalmente independientes, por un lado la Universidad de Harvard y por otro la Fundación Carnegie, encontraron que solo un 15% de las razones por las cuales una persona triunfa profesionalmente, escala posiciones dentro de su empresa y sale adelante en su campo, tiene que ver con sus habilidades profesionales y conocimientos técnicos.

El 85% restante de las razones por las cuales estas personas logran salir adelante y triunfar personal y profesionalmente tiene que ver con su actitud personal, su nivel de motivación y su capacidad para desarrollar relaciones positivas con los demás. En otras palabras es importante conocer el producto como ya lo había mencionado, pero los factores determinantes para tener éxito en el campo de las ventas y en cualquier otro campo son la actitud, la motivación y la habilidad para relacionarse con los demás. Estos tres elementos son los que nos ayudarán a crear esa confianza de la cual estamos hablando. Estoy seguro de que ustedes como lectores, en su mayoría, están de acuerdo con que estos tres aspectos son vitales para su negocio o profesión.

Si examinas tus propias experiencias como comprador, te vas a dar cuenta de que tiendes a hacer negocios con aquellas personas con las cuales te sientes bien, con vendedores que están genuinamente interesados en tus necesidades, que te escuchan, e inclusive, que están dispuestos a no cerrar una venta si creen que su producto o servicio no es lo que tú verdaderamente necesitas.

Todos queremos hacer negocios con este tipo de vendedor y cuando lo encontramos, no solo le compramos, sino que le enviamos referidos y lo recomendamos con nuestros amigos. Es entonces cuando nos preguntamos qué hace a esta clase de persona un vendedor especial y por qué confiamos tanto en ella. Podríamos asumir que hay química, empatía, nos inspira confianza y seguramente otras razones más.

A todo lo largo de este libro continuaré compartiendo contigo otras estrategias, ideas y conceptos que te van a ayudar a construir esta confianza. Sin embargo, ten siempre presente que todas estas técnicas, al igual que los cierres, las estrategias de ventas, los estilos comunicativos de los que he hablado deben basarse en un carácter íntegro, honesto y sincero.

Si en verdad quieres aumentar tu productividad en el campo de las ventas es importante que no olvides estas cinco razones que acabo de describir y más importante aún, es entender que ninguna de ellas tiene por qué convertirse en un obstáculo que te impida cerrar una venta. Recuerda que la razón primordial por la cual las personas no compran es por la falta de confianza y eso es algo que tú puedes solucionar. ¿Cómo? *Manteniendo siempre una gran actitud, comunicando tu entusiasmo, demostrando un genuino interés en ayudar a tu cliente y siendo siempre transparente e íntegro en tu trato con los demás.*

Esa es la verdadera clave del éxito en las ventas y lo que te permitirá crear la atmósfera de confianza donde le sea fácil al cliente tomar la decisión de comprar y más aún, lo que te abrirá las puertas a una carrera exitosa dentro de esta fascinante profesión.

CAPÍTULO 8

Servicio al cliente...
Clientes fieles por siempre

Recomendación No. 8

El gran vendedor conoce su producto y le ayuda a su cliente a enfocarse en los beneficios que este traerá a su vida. También sabe que la mayor diferencia entre él y la competencia está en la manera como atienda a sus clientes. Si presta una atención especial a sus necesidades y preocupaciones, y ofrece un gran servicio, podrá contar con clientes para toda la vida.

¿Te imaginas qué ocurriría si cada persona que compre uno de tus productos, se convirtiera en tu cliente para toda la vida? ¿Imaginas además cuáles serían tus ingresos o los de tu empresa si contaras con clientes 100% fieles a tu producto?

Sin embargo, en su mayoría, los vendedores no pueden ver esta posibilidad como real; por el contrario, creen que las ventas solo requieren identificar un cliente potencial, hacer la presentación del producto, servicio o negocio, tratar de cerrar la venta, esperar que no la cancele o devuelva el producto, olvidarse de ese cliente y salir a buscar otro. Desde luego, este no es un sistema ni eficiente, ni óptimo para desarrollarte como un vendedor estrella. No encuentro una razón válida para entender por qué un vendedor prefiere no ir más allá de cerrar una venta.

Fíjate en este concepto, uno de los principios más importantes en el arte de vender: *podemos conseguir más clientes en dos meses, desarrollando un interés real en ellos y en sus necesidades, que en dos años esforzándonos para que ellos se interesen en nuestros productos.*

Te invito entonces a abrir tu mente y a reflexionar para considerar algunas ideas que nos mostrarán que sí es posible tener clientes y asociados fieles a nuestros productos o marca. Y hablo sobre mente abierta porque después de esta lectura, seguramente descubrirás que necesitas hacer algunos cambios en la forma en que has trabajado hasta ahora. Ten presente que a partir de hoy no olvidarás ciertos aspectos de vital importancia en las ventas: la percepción del cliente hacia nuestro producto, negocio o marca y la influencia del servicio que le ofrecemos, es decir, la atención al cliente, aquella de la que tanto se habla y que en muchos casos, descuidamos y dejamos pasar desapercibida.

Al respecto hay varios conceptos y formas de verlo. Hay quienes creen que un buen producto se vende solo, así la atención que reciba el cliente no sea la mejor. Otros piensan que quien brinde una gran atención y un excelente servicio a sus clientes es capaz de vender cualquier producto, así la calidad no sea la mejor.

El vendedor de éxito presta atención a los dos aspectos porque sabe que tanto su conocimiento del producto y su habilidad para presentar sus beneficios, como la atención que dé a su cliente, son responsables por el cierre de cada venta y la posibilidad de crear clientes leales, y si son para toda la vida, mucho mejor.

Quiero que te imagines a dos vendedores que están ofreciendo exactamente el mismo producto. Ambos trabajan para la misma empresa, tienen un conocimiento similar del producto y saben todo lo que necesitan para hacer una excelente presentación.

El primero de ellos es un experto en lo que se refiere al funcionamiento del producto; ha memorizado todos los componentes, conoce lo que cada uno de ellos hace y le gusta hacer demostraciones que le permitan al cliente ver todas estas características y componentes en acción. Es decir, en todo momento está enfocado en resaltar las características de su producto.

Por su parte, el segundo vendedor centra su interés en que el cliente pueda ver y experimentar el producto y crear una imagen mental del mismo, con todo lo que este puede brindarle. Decide enfocarse en los beneficios que su producto ofrece y su presentación está orientada a ayudarle al cliente a visualizarse disfrutando de estos beneficios. Sobre todo, él sabe que lo más importante que le puede ofrecer a su cliente es una atención esmerada y personalizada.

Beneficios del producto

¿Quién de los dos logrará cerrar la venta?

Para responder a esta pregunta es importante analizar varios aspectos. Por un lado, para que este producto genere una venta debe existir una necesidad y un cliente que desee disfrutar de los beneficios de dicho producto. Por el otro, es necesario entender que un producto está compuesto de características físicas como el color, el tamaño y otras propiedades tangibles, y de atributos intangibles como la marca, la garantía, el servicio y la atención, atributos que buscan siempre satisfacer las necesidades del cliente.

En otras palabras, los productos no se venden solo por sus características físicas y por lo que son, sino por lo que pueden hacer y significar para el cliente. Se venden por la satisfacción que le puedan proporcionar, las emociones que le permitan experimentar y por la utilidad que le puedan reportar. A pesar de que a todos nos interesa la calidad del producto, *lo cierto es que ninguno de nosotros compra propiedades, especificaciones o detalles técnicos; compramos beneficios*. Así que las opciones de éxito de nuestro primer vendedor son dudosas.

Ahora bien, nuestro segundo vendedor sabe que a pesar de que las personas compran beneficios, ellas lo hacen solo cuando pueden visualizarse disfrutando de los mismos. Por esta razón, él enfoca su presentación en ayudarle al cliente a crear una imagen donde se pueda ver disfrutando de todas las ventajas que el producto ofrece. Como resultado de eso, con seguridad logra realizar la venta.

Esta es una de las lecciones más importantes que debemos aprender: las personas no compran características. Ellas compran aquellos beneficios de los cuales desean disfrutar, ya sean económicos, de seguridad, comodidad o bienestar, por mencionar algunos.

El vendedor exitoso conoce muy bien todos los atributos y cualidades de su producto. Sabe que cada una de estas características puede generar múltiples ventajas para el cliente, y sabe también que estos beneficios son el resultado de las características y propiedades del producto. Por tal razón, está totalmente convencido de que conocer su producto —tanto atributos como beneficios— le permitirá apreciar mucho mejor las ventajas que lo diferencian de sus competidores, y que de esta manera estará mejor preparado para responder a las posibles objeciones que el cliente presente.

Asimismo, se asegurará de presentar aquellos beneficios que respondan a las necesidades específicas de cada cliente, a sus motivaciones y deseos, y lo ayudará a enfocarse en las emociones que dichos beneficios le permitirán experimentar.

De igual forma un vendedor estrella tiene claro que las personas no compran vitaminas o suplementos alimenticios; compran la seguridad de saber que están consumiendo todo lo que su cuerpo necesita para tener una vida larga y saludable.

Y para que no nos quede duda, a continuación describo una serie de razones por las cuales las personas compran o no. Las personas no compran ropa; compran la sensación de confort, elegancia o moda que un determinado tipo de ropa les hace experimentar. Ellas no compran seguros de vida;

compran la tranquilidad de saber que su familia no quedará desamparada en caso de que les ocurra algo. Tampoco compran casas; compran el sueño de un hogar. No compran cremas contra las arrugas, compran juventud.

Así que no limites tu atención al precio, las características y propiedades del producto, porque tan importantes como ellas son, normalmente no son lo que el cliente verdaderamente compra. Dedícate a descubrir los beneficios más importantes de tu producto o servicio: ¿Qué problemas soluciona? ¿Qué lo hace único? ¿Qué lo hace diferente de la competencia? ¿Qué beneficio en particular puede el cliente encontrar más importante? ¿A qué necesidades responde?

Haciéndote todas estas preguntas y buscando las respuestas reales y objetivas podrás enfocar y preparar tu presentación de manera que lo que muestres de tu producto llegue al fondo de aquello que es verdaderamente importante: tu cliente y sus necesidades.

La atención y el servicio al cliente

Puede suceder que quizá no contemos con el mejor producto, o con la mejor calidad, o con el producto de primera necesidad que facilite la venta, pero sí hay un factor muy importante que un excelente vendedor puede tomar como seguro: el servicio y la atención al cliente, son parte de los valores intangibles que él tiene en cuenta en el momento de decidir si compra o no. A pesar de que, en ocasiones, es poco lo que podemos hacer para mejorar la calidad del producto que vendemos —a menos que estemos directamente involucrados en su fabricación—, hay mucho que sí podemos hacer en lo referente a la atención y el servicio que prestamos a nuestros clientes.

Como ya lo había enunciado, independiente de tu área de ventas, si trabajas en la industria de la venta directa, ¿te has puesto a pensar que ocurriría con tu negocio, si cada persona a la que le vendes tu producto, o a quien auspicias en tu negocio, mantiene esta relación contigo por siempre?

Una de las razones por las que no creemos que podemos tener clientes para toda la vida, es porque en esta sociedad de consumo, donde todo se mueve tan rápido, donde la competencia es tan feroz, no hay tiempo de detenernos a evaluar si estamos actuando de la manera más efectiva o no. Y es urgente hacer esa evaluación; recuerda que "si continúas haciendo lo mismo que has venido haciendo hasta ahora, continuarás obteniendo los mismos resultados que has venido obteniendo hasta ahora".

Tom Peters, el gran gurú de los negocios, decía lo siguiente acerca de las ventajas competitivas que las empresas modernas creen tener sobre su competencia: *Existe un exceso de compañías similares, donde trabajan empleados similares, con educación y experiencia muy similares, que producen ideas similares, y fabrican productos similares, con precios y calidades relativamente similares. Y todas tienen un propósito similar: quieren ser diferentes.*

Y la razón es que hoy nos enfrentamos a un mercado global donde la oferta de nuevos productos, servicios y oportunidades de negocio es cada vez mayor, donde las nuevas tecnologías han hecho que la diferencia entre uno y otro sea cada vez menor, donde la gran competencia ha traído como resultado que los precios, la calidad y otros aspectos sean cada vez más similares. *La única ventaja competitiva real que aún permanece es la atención y el servicio al cliente.* Hoy por hoy, este factor es lo único que diferencia a una empresa de la otra y, en ocasiones, es el factor que mayor incide en el cliente al momento de decidir qué comprar, dónde comprar y con quién hacer negocios.

Es imposible hablar de cómo triunfar en el campo de las ventas, sin dedicar gran tiempo al tema de la atención al cliente, la cual comienza desde el momento en que estás haciendo la presentación de tu producto, continúa durante el proceso de venta y cierre y si quieres que sea un cliente para toda la vida, esa atención nunca termina.

Si tú estás en el campo de las ventas, bien sea como un representante de ventas visitando eventualmente nuevos clientes, o como un distribuidor independiente que con frecuencia está compartiendo un producto o una oportunidad de negocio con otras personas, debes ser consciente de la necesidad de avanzar, investigar y estudiar sobre qué es lo que hacen los vendedores más productivos para ganarse la confianza y lealtad de sus clientes, o sobre cuáles son las razones más comunes y por las cuales las personas no compran, o sobre cómo tomar las objeciones que los clientes puedan tener y aprovecharlas para cerrar una venta. Así es, todo esto se puede lograr.

Para entender qué es la atención al cliente, y cómo es que te puede dar a ti una ventaja competitiva que te haga inolvidable con tus clientes, y que te ayude a crear clientes para toda la vida es importante primero entender cuál es el propósito de una empresa.

Todos hemos escuchado lemas y eslóganes publicitarios como "En nuestra empresa el cliente es número uno", "nuestros clientes son la base de nuestro crecimiento", o "el cliente siempre tiene la razón". Frases que suenan bien y que nos dejan ver las buenas intenciones de estas empresas, pero que muchas veces no pasan de ser lemas de mercadeo y eslóganes promocionales que nunca se traducen en hechos reales.

Así que la pregunta es:

¿Cuál es el verdadero propósito de la empresa?

Acá es importante entender que no me refiero solo a grandes empresas o empresarios, igualmente te incluyo a ti que eres quizás un distribuidor independiente, o quizás un vendedor que representa varias empresas, y si ese es tu caso, entonces también debes preguntarte: ¿cuál es mi propósito como empresa?

Cómo te podrás imaginar, cuando hago esta pregunta, donde hay personas de 100 o de 200 empresas distintas representadas, recibo un gran número de respuestas diferentes.

Algunos responden que el propósito de la empresa es ganar dinero o generar utilidades; otros, que capturar un mayor sector del mercado y aumentar su volumen de ventas; otras personas piensan que el propósito es ser el líder en su industria, y algunos inclusive, creen que el propósito es generar empleo y contribuir con el desarrollo de las comunidades donde se encuentran.

Así que como puedes ver, las opiniones son bastante variadas. Es posible que tú también pienses de manera distinta. Entonces quiero compartir contigo la que yo creo que es la respuesta correcta e invitarte a que pienses en ella para ver si está errada, o si el conjunto de respuestas anteriores son las correctas, o si hay alguna nueva de la cual no nos hemos percatado ni ustedes ni yo, ya que después de mucho pensar en ella, he llegado a la conclusión de que es la respuesta más acertada. *El propósito de una empresa es crear y mantener clientes. Es así de simple.*

Muchas personas creen erróneamente que el propósito de una nueva empresa es generar ganancias; sin embargo aunque este puede ser el propósito de la persona que inicia el negocio, no es necesariamente el propósito de la empresa. Recuerda que un negocio se convierte en una entidad independiente de las personas que lo fundaron, con metas, objetivos y necesidades propias.

Parece increíble decir que el propósito de una empresa no es generar ganancias, pero así es. Las ganancias y utilidades no son el propósito en sí, simplemente son una medida, un termómetro, una escala que nos informa qué tan bien está cumpliendo la empresa con su propósito. Y lo mismo sucede con cualquiera de esas otras ideas que creemos son el propósito de la empresa: generar ganancias, aumentar nuestra clientela, incrementar nuestro volumen de ventas, o llegar a ser líderes en nuestra industria. Estas, tampoco son el propósito de la empresa. Ellas son simplemente parámetros que nos permiten medir si estamos cumpliendo con el verdadero objetivo de la empresa, que es crear y mantener clientes.

Si una empresa logra cumplir con su propósito de crear y mantener cada vez más clientes, sus ganancias aumentarán, su volumen de ventas crecerá y seguramente se convertirá en líder en su industria.

Y es muy importante tener muy claro este concepto, porque la historia nos ha mostrado muchos casos de empresas que no lo entendieron y terminaron en graves problemas. Ellas creyeron que su meta debía ser lograr que su marca fuera la más reconocida, e invirtieron cantidades enormes de dinero en gigantescas campañas publicitarias. Muchas terminaron en la bancarrota, porque se preocuparon más por crear imagen que por crear clientes.

Existen muchos ejemplos de empresas y marcas que ya no existen. Empresas multinacionales que cualquier día se fueron a pique. Tú debes tener cuidado porque esto puede sucederle a personas y también a empresas de cualquier tamaño. Hay muchos empresarios, representantes de ventas, distribuidores independientes, entre otros, que conocen muy bien la literatura de su producto, que poseen las herramientas necesarias, que asisten a capacitación, pero que han olvidado el verdadero propósito: "crear y mantener clientes", razón por la cual no pueden ver los mejores resultados y logros que esperan.

Es por eso que todas las ideas y estrategias a lo largo de este libro tienen un propósito: "ayudarte a crear más y más clientes y mantenerlos para toda la vida". Si como vendedor tu único objetivo es tu próxima venta y lo que pueda significarte económicamente, vas a vivir una vida de sobresaltos y frustraciones, puesto que existen factores que no están bajo tu control y que sí determinan que el cliente compre o no.

Si tus ganancias o las ganancias de tu empresa están muy lejos de ser lo que esperabas, es vital que tomes el tiempo necesario para examinar todos los aspectos que de una o de otra manera influyen en tu capacidad para crear y mantener clientes. Aspectos como la calidad y precios del producto, las técnicas de venta que estás utilizando, la atención y el servicio que estás brindado a tus clientes.

Antes, durante y después…

Crear clientes para toda la vida es el resultado de lo que hagas antes, durante y después de la venta. Como su nombre lo indica, se basa en tu relación con el cliente, en el trato y en lo que debes saber de él antes de la venta, durante la venta y después de la venta. Muchas personas creen erróneamente que la atención y el servicio son algo que ocurre después de la venta, una vez la persona se ha convertido en cliente. Pero lo cierto es que, si no prestamos atención a la relación con esta persona desde un comienzo, nunca va a ser nuestro cliente y si lo es, va a ser cliente de una sola venta, que no es lo que nos interesa conseguir. La construcción de una relación duradera con tu cliente comienza mucho antes de que te encuentres frente a él, compartiendo tu producto o negocio.

El vendedor común y corriente, que no logra mayor éxito en su carrera profesional, tiene su lista de prospectos y clientes potenciales, pero se le ha metido en la cabeza que no es importante desperdiciar tiempo y esfuerzo en aquellas personas que no van a comprar. Él o ella absurdamente está reservando la atención especial para aquellas personas que deciden ser sus clientes, una vez que decidan serlo, y no antes. Actúa así porque sus expectativas son bajas. Cuando está frente a un cliente potencial, quiere descifrar rápidamente si vale la pena o no invertir tiempo y esfuerzo en esta persona.

Los vendedores exitosos, por el contrario, tratan a cada prospecto como si fuese su cliente más importante, se comportan de manera distinta, tienen grandes expectativas y esperan que cada persona con la que hablan esté interesada en su producto o servicio. Han entendido que su éxito como vendedores depende de su capacidad para desarrollar relaciones positivas con las demás personas. Como resultado de esta actitud, cierran más ventas, disfrutan más de su profesión, tienen clientes más leales y cosechan mayores éxitos a nivel personal y profesional.

Pues bien, para que todo esto ocurra, debemos conocer a nuestros clientes muy bien antes de reunirnos con ellos por primera vez. ¿Qué los motiva? ¿Qué es lo que consideran más importante al momento de tomar la decisión de comprar? ¿El precio? ¿La atención? ¿La calidad? ¿Todo lo anterior? ¿Qué necesidades buscan satisfacer? ¿Cómo desean ser atendidos? Y todos estos interrogantes son aspectos que tenemos que saber y conocer mucho antes de nuestra primera reunión. Todo esto forma parte de la primera etapa de nuestra estrategia: **lo que sucede antes de la venta.**

En esta parte quiero resaltar algunos aspectos generales que debemos tener en cuenta para entender a nuestros clientes y poder brindarles la mejor atención. Son principios que aunque sencillos son ignorados por muchas empresas y vendedores.

El primer principio es lo que yo llamo *La ley de la satisfacción del cliente*. Esta ley dice que el cliente siempre está en lo correcto.

Las mejores compañías en el mundo han sido fundadas sobre esta premisa. La atención y el servicio al cliente son su mayor obsesión. Las compañías que se encuentran a la vanguardia en sus campos de acción son aquellas para las cuales la satisfacción del cliente es la fuerza motriz más importante de la empresa.

Por esta razón las empresas más exitosas tienen políticas de atención y servicio al cliente suficientemente claras y precisas y además, todas las personas dentro de la organización han aceptado el compromiso de tratar al cliente con la importancia y el respeto que merece.

Ellas han entendido esta ley como su razón de ser y no como un simple eslogan de mercadeo, pues saben que son las personas las encargadas de llevar satisfacción al cliente. No son las oficinas, las computadoras o los papeles, sino las personas. Son los gerentes, los asesores, los representantes de ventas y cada individuo que hace parte de la empresa, los responsables de mostrarle al cliente que él es la parte más importante de la organización.

La corporación Disney, por ejemplo, emplea a miles de personas para trabajar en sus distintos parques de diversiones. Cada nuevo empleado debe pasar por un riguroso entrenamiento sobre cómo atender al cliente, no solo de manera excelente, sino sorprenderlo con la atención. La razón de este entrenamiento es que las personas puedan realizar sus trabajos casi sin pensar, de manera que puedan

enfocar todo su esfuerzo en atender y servir a los invitados
—que es como Disney llama a los turistas que visitan sus
parques—. Y si tú alguna vez has estado en uno de sus
parques de diversiones o en una de sus tiendas, te habrás
dado cuenta de que ellos se toman muy en serio la atención
al cliente.

Si tú estás en el campo de las ventas seguramente ya te
habrás dado cuenta de que *la única manera de satisfacer
al cliente es darle más de lo que él espera*, lo cual requiere
que sepamos cuáles son sus necesidades y qué es lo que él
considera importante. A esto es a lo que se hace referencia
cuando se habla de sorprender al cliente.

Toda empresa debe empezar con el cliente en el centro.
Uno de los peligros más grandes que cualquier compañía
puede correr es el perder el contacto con sus clientes y las
necesidades que ellos buscan satisfacer. La cadena hotelera
Ritz-Carlton, uno de los pocos ganadores en ese sector, de la
medalla Baldrige a la calidad, ha tomado medidas fuera de
lo común para responder a las demandas de miles de clientes
por un mejor servicio.

Todo empleado, empezando por los botones, camareros y
otros dependientes, puede gastar hasta un par de cientos de
dólares en cualquier momento, y de manera inmediata, sin
tener que buscar la aprobación de su jefe, para corregir algún
error o queja que un cliente haya presentado.

Si un huésped perdió su cámara fotográfica, o su vestido
accidentalmente resultó arruinado durante la cena en el
restaurante del hotel, tanto el botones como el administrador

del restaurante están autorizados para girar inmediatamente un cheque por el valor de la cámara o del vestido.

Este ejemplo es clara evidencia de qué tan lejos algunas empresas están dispuestas a ir para asegurarse que están respondiendo a las necesidades del cliente, y están prestando un servicio de gran calidad.

Aquí quiero hacer énfasis en un segundo principio muy importante: *cumple siempre todo lo que prometas.* Hay vendedores y empresas que con tal de cerrar la venta prometen cualquier cosa y a la hora de la verdad o no pueden cumplir o no les interesa cumplir. Porque la inmensa mayoría de los vendedores y las empresas dicen estar comprometidos con prestar un gran servicio a sus clientes y repito "dicen" porque su compromiso les dura hasta cuando tienen que lidiar con una queja o un reclamo por parte de ellos.

¿Quieres ver qué tan comprometida está una empresa con la atención y el servicio que da a sus clientes? No mires sus campañas publicitarias, ni los evalúes al momento de hacer la presentación de su producto o su negocio. Evalúa la manera cómo responden cuando un cliente presenta alguna queja.

Ante una queja, muchas empresas olvidan sus promesas y lemas de mercadeo, y no quieren volver a saber de sus clientes. De repente el cliente deja de ser lo más importante para convertirse en una molestia.

Lo más absurdo de esta posición, es que una queja es algo positivo. *Una queja no es más que un indicador de que nuestro cliente encuentra que sus expectativas sobre nuestro producto o servicio no han sido satisfechas con la calidad esperada.*

Mientras la empresa promedio ve las quejas como una molestia, la empresa excelente sabe que esos clientes le están haciendo un gran favor al señalar su inconformidad, ya que esto le permite verificar y mejorar sus procedimientos, su calidad y su producto.

Un gran ejemplo de esto fue cómo respondió la corporación Disney hace muchos años a la queja de muchos de sus invitados sobre las largas filas que debían hacer para entrar a cualquiera de las atracciones, las cuales impacientaban tanto a los niños como a los adultos.

Disney creó un equipo con el único propósito de estudiar este problema. Investigaron qué tanto tiempo podía la gente esperar en una fila, antes de que hubiese necesidad de crear una distracción para que no se inquietaran o se desesperaran.

Como resultado de esta investigación, Disney colocó televisores a lo largo de todas las filas de entrada a cualquiera de sus atracciones. Puso espejos en ciertos sitios estratégicos, ya que descubrió que estos ayudaban a bajar el nivel de estrés de las personas mientras esperaban en línea, y creó otra serie de distracciones para ayudar a sus invitados a tener una mejor experiencia en cada atracción.

Nuestros clientes no tienen por qué rogarnos para ser atendidos, ni para que sus dificultades o problemas sean solucionados. Debemos estar al tanto de las posibles dificultades, para estar un paso adelante de ellas. Una buena manera de hacerlo es retroalimentándonos con las observaciones que ellos nos hagan.

Una queja es una oportunidad que el cliente nos da para que le demostremos con hechos y no con palabras nuestro compromiso con un servicio de calidad, y eso es positivo. Los vendedores exitosos saben que cuando escuchan con atención y solucionan en forma positiva los problemas que un cliente pueda tener, tendrán un cliente leal. Ellos saben que de no ser así, este cliente buscará otro proveedor que satisfaga sus requerimientos y necesidades.

Advertencia: *cuando un cliente te presente una queja no intentes contradecirlo con razones poco claras o justificaciones pobres. Si su queja es legítima, atiéndela inmediatamente. Si no lo haces, tus competidores estarán deseosos de trabajar con él y brindarle la atención que tú le estás negando. Asimismo, cumple siempre tus promesas.*

Y el tercer principio del cual es importante hablar es el que yo llamo *la ley de la calidad*. Esta ley quiere decir que el cliente siempre demandará la mejor calidad al menor precio posible. Y ¿qué es calidad? Calidad es lo que el cliente dice que es y por lo cual está dispuesto a pagar. Es importante tener presente que el éxito de una compañía es directamente proporcional al nivel de calidad con el que el cliente percibe el producto.

Cuando un cliente no se siente bien atendido o percibe que sus necesidades no han sido satisfechas, o cuando la calidad del producto o el servicio recibido no es lo que esperaba seguramente decide hacer negocios en otra parte. ¿Cuánto cuesta perder un cliente? Quizás las siguientes estadísticas te ilustren al respecto:

1. Cuesta entre cinco y diez veces más atraer y conquistar a un nuevo cliente que mantener a un cliente ya existente.

2. Todo cliente insatisfecho comparte su insatisfacción por lo menos con diez personas. Un 12% de ellos la comparten con veinte o más personas.

3. De cada diez clientes que se encuentren insatisfechos, nueve ni siquiera se tomarán el tiempo para dejártelo saber, mientras que siete de ellos inmediatamente tomarán la decisión de hacer negocios con otra persona.

4. Hasta un 90% de los clientes insatisfechos no comprarán nunca más uno de tus productos y no te darán ninguna explicación.

5. El 96% de los clientes insatisfechos nunca se quejan porque ellos piensan que sus quejas seguramente serán ignoradas.

6. El 92% de los clientes insatisfechos volverán a convertirse en clientes leales si sus objeciones y dificultades son solucionadas prontamente.

Siempre debemos tener presente que los clientes estarán dispuestos a pagar más con tal de recibir un mejor servicio. *Cuando un cliente presenta una queja, la única pregunta que debemos hacer es: ¿Qué puedo hacer para solucionar su problema?*

Esta información, estoy seguro será de mucha utilidad porque te trae a la realidad y te deja ver lo fácil que resulta perder un cliente. Recuerda que ellos desean un gran servicio, y quieren ser atendidos con el respeto y la consideración que se merecen. El servicio al cliente se puede interpretar como esa herramienta de soporte que tienes en tus manos antes, durante y después de cualquier venta que hagas. Eso es todo. Si tú estás dispuesto a hacer esto podrás crear clientes para toda la vida.

CAPÍTULO 9

Objeciones, preguntas y un buen cierre de venta

Recomendación No. 9

El vendedor exitoso sabe que el objetivo de su presentación es cerrar la venta. Las objeciones, lejos de ser negativas, son muestra del interés del cliente en su oferta. El cierre es la prueba final de que el vendedor ha hecho un excelente trabajo, y que si el cliente ha decidido que el producto responde a sus necesidades, entonces está listo para comenzar una relación comercial.

Hablemos ahora de una de las áreas en las cuales nuestras habilidades para comunicarnos con entusiasmo son de gran importancia: ¿cómo responder a las posibles objeciones que el cliente pueda presentar a nuestro producto? No parece importante, pero de una respuesta oportuna, cordial y positiva frente a una queja, depende que una venta se haga efectiva o se pierda. Realmente es aquí donde la mayoría de las ventas se realizan o se pierden. Así que a continuación trataré de proveer valiosas herramientas para convertir toda objeción en una oportunidad de cerrar una venta o convertir un NO en un SÍ definitivo.

Si existiera una técnica o estrategia única para cerrar la venta sería fácil, todos la aprenderíamos y seríamos vendedores estelares. Sin embargo, el éxito en las ventas depende de nuestra habilidad para comunicar nuestro mensaje con entusiasmo, efectividad y escucha activa, y sin prevención las inquietudes y objeciones que el cliente pueda tener. En síntesis, es la conclusión de todo el proceso de venta.

El cierre es el paso natural y obvio al proceso de comunicación que ha ocurrido entre el cliente y el vendedor a lo largo de toda la presentación. Si esta ha sido clara, si las inquietudes y preocupaciones del cliente han sido cubiertas satisfactoriamente y el vendedor ha logrado ayudarlo a visualizarse disfrutando de los beneficios que su producto le ofrece, lo más lógico es dar el paso que le permita al cliente comenzar a disfrutar de dichos beneficios.

Pero como ya sabemos, para llegar a ese paso final hay que superar las dificultades que de hecho son normales y se dan durante la presentación del producto. Dificultades como las que ya vimos cuando hablamos de las razones principales por las cuales las personas no compran. De hecho, en ningún momento, nuestras habilidades como vendedores —o mejor aún, como asesores del comprador— se ponen tanto a prueba como al momento de responder a las objeciones que el cliente pueda tener.

Sin embargo, las objeciones son positivas. Demuestran que el cliente ha estado escuchando, que ha procesado la información y está interesado. De otra manera no se molestaría en objetar nada. *Cuando algo no nos interesa decimos claramente "no me interesa". Cuando un cliente se molesta en pensar y formular una objeción está diciendo implícitamente: "El producto me interesa. Ayúdame a convencerme de que debo comprártelo".*

Es importante entender que las objeciones son pautas que, de no ser tratadas de manera positiva y oportuna, estas mismas objeciones pueden terminar abruptamente con nuestro intercambio de ideas y con nuestras posibilidades de realizar la venta.

Las objeciones dan continuidad a la comunicación y al contrario de ser una incomodidad o inconveniente, se convierten en herramientas que nos permiten descubrir nueva información acerca del cliente. Nos dan la oportunidad de brillar, de mostrarle que sabemos de lo que estamos hablando, estamos interesados en sus preocupaciones y estamos dispuestos a escuchar.

Por esta razón quiero compartir contigo cinco ideas o estrategias que te pueden ayudar a responder positivamente a algunas de las objeciones más frecuentes y a cerrar la venta de manera exitosa. Para hacerlo, quiero utilizar la palabra **VENTA** como acróstico para que las puedas recordar fácilmente:

> • La **V** en la palabra **V**enta significa:
>
> Visualizar los beneficios de tu producto
>
> • La **E** en la palabra v**E**nta significa:
>
> Escuchar las preocupaciones del cliente
>
> • La **N** en la palabra ve**N**ta significa:
>
> Nueva información
>
> • La **T** en la palabra ven**T**a significa:
>
> Tres preguntas…
>
> • La **A** en la palabra vent**A** significa:
>
> Aliviar la ansiedad del cliente

1. Visualizar los beneficios de tu producto

¿Has escuchado alguna vez… "ojos que no ven, corazón que no siente", "la comida entra por los ojos" o "ver para creer"? Estos refranes ilustran una realidad que no podemos ignorar en el campo de las ventas. Antes de tomar la decisión de comprar, la gran mayoría de los clientes necesitan ver, tocar, sentir y experimentar el producto. Como ya lo hemos visto tantas veces, una de las responsabilidades más importantes del vendedor es asegurarse que el cliente pueda visualizar claramente los beneficios de su producto; si no logra hacerlo, difícilmente el cliente tomará la decisión de comprar.

Cuando estamos en la posición de brindarle al cliente la oportunidad de apreciar, tocar y disfrutar el producto, y los beneficios que experimentará una vez que lo haya adquirido, el proceso de las ventas se hace mucho más fácil.

El vendedor de autos puede darle al cliente la oportunidad de manejar el vehículo que desea comprar, apreciar la potencia del motor o escuchar la calidad del sonido del radio. El vendedor de trajes puede permitirle al cliente vestir una prenda y experimentar la sensación que le produce usarla. El vendedor de computadoras portátiles puede darle la oportunidad al cliente de experimentar la velocidad de conexión del aparato, la calidad y resolución de la imagen o lo liviano que resultará cargarlo.

Sin embargo, hay otros productos donde para el vendedor no es igual de fácil hacer que el cliente aprecie con tanta claridad las bondades del producto. Una persona que vende apartamentos y que tiene que mostrar un inmueble vacío, una empresaria que comparte una oportunidad de negocio o un vendedor que ofrece un servicio o un producto intangible, por ejemplo, no cuentan con esa misma ventaja. Ellos deben utilizar en su presentación palabras y expresiones que le ayuden al cliente a dibujar estas mismas emociones que otros pueden experimentar gracias al contacto directo con el producto.

Recuerdo el día en que mi esposa y yo compramos nuestra primera casa; aquella tarde cuando Elaine Evans, la agente de finca raíz, nos llevó al que sería nuestro nuevo hogar. Por supuesto aquel día, lo que ella nos mostró no era un hogar, es más, ni siquiera era una casa, ya que aún no había sido construida.

Era simplemente un pedazo de tierra, no muy atractivo, lleno de lodo, y sin nada qué apreciar. Sin embargo, lo que ella hizo aquella tarde fue asombroso. Ignorando por completo que la casa no existía se dispuso a darnos un tour por nuestro nuevo hogar.

Su uso de las palabras fue fascinante y efectivo. Allí, en medio del lodo, comenzó a hablar mirando y mostrando con la mano diferentes partes de la casa, como si estuviera ahí. — "Imagínense este precioso jardín con árboles y todo el espacio para que los niños jueguen libremente", y pese a que aún no teníamos hijos, no fue difícil imaginarlos disfrutando del aire puro, lejos del ruido de la ciudad. Y luego continuó: — "Aquí en este lado pueden colocar un par de sillas donde puedan disfrutar de la postura del Sol allá detrás de aquellos árboles".

Luego nos tomó del brazo y caminamos hasta la parte de atrás de la casa imaginaria y nos dijo: — "El balcón estará orientado en aquella dirección ¿Se imaginan tomando el desayuno al aire libre, viendo salir el Sol?"

Su uso del lenguaje creó una película tan real en nuestra mente, que era como si estuviésemos viendo la casa frente a nosotros. En ese momento mi esposa y yo nos miramos y comprendimos que habíamos encontrado nuestro nuevo hogar.

Así que prepara y organiza tu presentación, asegúrate de usar palabras que dibujen imágenes que el cliente pueda ver. Palabras que hablen de las características y beneficios de tu producto, pero que a su vez le ayuden al cliente a visualizarse disfrutando de esos beneficios.

Cuando un cliente dice no, o no estoy seguro, lo que verdaderamente te está diciendo es que no ha logrado visualizarse disfrutando de los beneficios que quiere experimentar con la compra de tu producto. *Así que la primera estrategia tiene que ver con ayudarle a tu cliente a visualizarse disfrutando de todos los beneficios que le proveerá tu producto o tu servicio.*

2. Escuchar las preocupaciones del cliente

Uno de los errores más comunes que cometen aquellos que recién se inician en la venta profesional es creer que las objeciones son negativas o demuestran falta de interés en nuestro producto. Lo cierto es que es todo lo contrario. *Las objeciones son solamente inquietudes o preocupaciones que el cliente experimenta ante la propuesta que le estamos haciendo.* Son preguntas normales que continúan el diálogo y contribuyen al éxito de la venta.

Una de las objeciones más comunes que se presentan durante el proceso de cierre de una venta tiene que ver con el precio del producto. De repente, en medio de nuestra presentación el cliente dice algo como: "No, ese precio está muy caro", "no pensé que fuera a valer tanto". Sin embargo, lo que el cliente realmente está expresando es que con la información que tienen hasta ese momento, en su opinión, el precio del producto está demasiado alto. Lo importante aquí es escuchar bien, en lugar de actuar de la manera que lo hace la mayoría de los vendedores: discutir con tu cliente, negociar el precio u ofrecer descuentos, sin que el cliente en realidad te lo haya pedido.

Él no está solicitando una rebaja; simplemente está pidiendo más información. Si sabes escuchar, descubrirás que lo que verdaderamente está indicando es que tiene temor de terminar pagando más de lo que debiera. Teme que en esta negociación él termine llevando la peor parte. No quiere terminar pagando mucho más de lo que realmente cuesta, o de lo que podría pagar en otro lugar. Y todas estas preocupaciones son normales. Todos las experimentamos cuando estamos comprando.

La respuesta apropiada es dejarle saber que puede sentirse seguro negociando contigo, que no va a perder, ni va a sentirse mal o a ser engañado si decide hacer negocios contigo.

Una de las maneras de hacerlo sentir seguro es dejándole saber cuál es el valor que va tras el precio del producto. Hacerle saber que por ahora está preocupado por el precio del producto, pero esa será solo una preocupación en el momento de la compra; lo realmente importante que es la calidad del producto, sí será algo que le preocupará durante toda la vida después que lo adquiera. Hacerle saber que es mucho mejor invertir un poco más de lo que inicialmente había planeado y obtener la mejor calidad, en lugar de gastar menos en un producto de menor calidad y arriesgarse a perder toda su inversión.

Lo que quiero decir es que no debes asumir que la única preocupación del cliente es encontrar el producto más barato, porque esto simplemente no es cierto. Hay cosas que le preocupan mucho más que el precio. Imagínate que necesitas comprar una licuadora y decides que tu presupuesto para dicha compra es de $50 dólares. Vas a la tienda y hay dos licuadoras una de $45 dólares y la otra de $7 dólares, ¿cuál comprarías?

Seguramente la de $45 porque está por debajo del presupuesto que tenías planeado y porque sabes que lo barato, casi siempre sale caro. La experiencia te ha enseñado que en la inmensa mayoría de los casos la calidad de un producto va en proporción directa a su precio.

Por eso puedes decirle a tu cliente con toda seguridad, que si invierte un poco más de lo que tenía planeado y compra el producto que tú le estás presentando, estará hablando de invertir unos pesos más; sin embargo, si decide invertir menos de lo que debería haber invertido y compra un producto más barato, pero de menor calidad, y el producto no responde de la manera que él esperaba, entonces no hablará de perder unos pesos de más sino de perder todo el dinero que invirtió en el producto.

El cliente puede verdaderamente creer que el precio está alto, pero es nuestra responsabilidad mostrarle exactamente qué es lo que va incluido en el precio de dicho producto. En más de una ocasión yo le he dicho a un cliente potencial: "Señor cliente, sin duda alguna hay otras empresas que le pueden ofrecer un mejor precio, pero tenga la plena seguridad que ninguna de ellas podrá ofrecerle un mejor valor por su dinero que el que yo le puedo dar".

Así que lo importante es tener clara la diferencia. El valor representa los beneficios que el producto presta, su calidad, la garantía, el respaldo de la empresa, la atención y todos los demás atributos no tangibles del producto, mientras que el precio solo se refiere el costo monetario del mismo. A pesar de que el precio es importante, muy pocos de nosotros estamos dispuestos a sacrificar el valor del producto para obtener un menor precio. Eso es lo que debemos ayudarle a ver al cliente.

Es decir, y quiero insistir de nuevo, que seguramente *habrá muchas empresas que pueden ofrecer sus productos con un mejor precio, pero el cliente, con toda seguridad, no tendrá la certeza que esas empresas le ofrecen un mejor producto.* Con lo que yo ofrezco, la verdad es que el cliente estará preocupado por el precio solo hoy, pero el costo que representa el valor del producto, su calidad, su garantía y el servicio que acompaña a la compra sí le va a preocupar toda la vida, porque con seguridad el cliente siempre está más preocupado por obtener un buen costo, que simplemente por obtener un buen precio.

3. Nueva información

Quien haya trabajado alguna vez en el campo de las ventas sabe que un "no", no es necesariamente el final. De hecho, muchas ventas se cierran después que el cliente ha dicho no. Insisto en recordarte que cuando un cliente dice "no", está diciendo: "con la información que tengo hasta el momento no me siento tranquilo tomando la decisión de comprar". En otras palabras, te está pidiendo que le proveas nueva información. Una vez el cliente ha dicho "no", no puedes pretender que él o ella cambie de opinión, o que cambie de modo de pensar, sin recibir nueva información o sin recibir algo más de lo que ya sabía.

Sin embargo, si después de que el cliente te ha dicho que no, le presentas un beneficio adicional, algo que no haya captado anteriormente, si le hablas de la garantía que acompaña al producto, de los beneficios adicionales que otros productos no le ofrecen, de las facilidades de financiación, entonces el cliente estará en posición de tomar una nueva decisión.

Por esta razón, debemos siempre saber qué otros valores agregados podemos ofrecer a nuestro cliente en caso que presente alguna objeción. Recuerda que lo que él quiere, más que cualquier otra cosa, es estar tranquilo de haber tomado la decisión acertada.

De igual manera, ten presente que las personas no compran productos, sino beneficios. El estar al tanto de todos los beneficios que nuestro producto ofrece nos ayuda a superar la objeción sobre el precio, que es la más frecuente. Cuando podemos presentarle a nuestro cliente potencial una lista de todos los beneficios que recibirá al adquirir nuestro producto o servicio y le ayudamos a ver que estos superan el valor económico que va a invertir, damos un gran paso para concretar el cierre.

4. Tres preguntas...

Y, ¿por qué esta asociación? Porque es un cierre que normalmente se conoce como el cierre de las tres preguntas...

Las preguntas son igualmente importantes al momento de ayudar al cliente a sentirse tranquilo, tomando la decisión de comprar. Una estrategia de cierre muy efectiva en ventas es la conocida como el cierre de las tres preguntas. Esta estrategia te ayudará a descubrir lo que el cliente considera importante y a crear en él una imagen positiva de los beneficios de tu producto.

Sin embargo, la calidad de las respuestas que recibas depende de la calidad de las preguntas que hagas. Las preguntas cerradas —aquellas que requieren solamente un sí o un no— nos proveen poca información, mientras que las preguntas abiertas le dan la oportunidad al cliente de compartir sus inquietudes, preocupaciones o cualquier otra nueva información que no haya salido a flote antes.

Antiguamente se pensaba que los vendedores debían ser personas muy hábiles y diestras en el arte de hablar, no en el de escuchar. No obstante, es claro que la efectividad en las ventas exige mayor destreza en el arte de escuchar. Saber hacerlo nos permite determinar las necesidades del cliente. El hacer preguntas nos provee una gran cantidad de información durante nuestra entrevista y nos ayuda a reenfocar nuestra presentación.

Para más claridad, supongamos que vas a vender un sistema de purificación de agua. Una vez que hayas demostrado tu producto y realizado tu presentación, puedes preguntar:

—¿Señor cliente, puede ver cómo este sistema le ayudará a eliminar más de un 90% de las impurezas que se encuentran en el agua que usted consume?

El objetivo de esta pregunta es asegurarnos que él ha entendido nuestra presentación y ha captado los beneficios que el producto ofrece. Si la respuesta es negativa o saca a relucir alguna preocupación, sabemos que tenemos la oportunidad de explicar aquello que no haya quedado claro o responder a dicha inquietud. *Recuerda que las objeciones ayudan a que el cliente se decida, puesto que están generadas por dudas o por información incompleta.*

Ahora bien, si su respuesta es afirmativa, esto ayuda a crear en su mente una actitud positiva hacia el producto y a darle confianza para proseguir con la compra.

Y si puedes proseguir con el proceso, la segunda pregunta que puedes hacer es: —¿Está usted interesado en mejorar la calidad del agua que consume? En otras palabras, —¿es ese un problema que usted desea solucionar? El propósito de esa segunda pregunta es doble. Permitir afianzar el beneficio que el producto traerá a su vida o descubrir otras necesidades que puedan existir, y al mismo tiempo, dejar en claro las consecuencias de no actuar —continuar consumiendo agua de baja calidad—.

Muchas personas en el campo de las ventas temen hacer preguntas por miedo a lo que el cliente pueda responder. Pero es importante tener en cuenta que si nuestro cliente tiene dudas o inquietudes, y no buscamos descubrirlas y darles respuesta, las posibilidades de que compre, son mínimas.

Si la respuesta a esta segunda pregunta es igualmente afirmativa, la tercera pregunta es: —si la calidad del agua que usted consume es una de sus preocupaciones, y usted ha visto cómo el sistema que le ofrezco le puede ayudar a solucionar este problema, ¿cuándo desearía usted empezar a consumir agua de mejor calidad?

¿Qué buscamos con esta pregunta? Ayudarle a tomar la decisión de comprar, y cerrar la venta.

Si deseas convertirte en un vendedor profesional, es importante que aprendas a hacer preguntas. Si tú eres el único que está hablando durante tu presentación es muy posible que estés hablando más de lo debido.

5. Aliviar la ansiedad del cliente

Una de las mejores maneras de presentar a tu cliente beneficios adicionales acerca de tu producto, y una que te permitirá responder a las objeciones que tu cliente tiene de él es siendo sensibles a sus ansiedades y temores.

Muchas personas cuando escuchan una objeción comienzan a discutir con el cliente, o creen que con solo decirle "no se preocupe", o "no tenga miedo", van a solucionar y a quitar la ansiedad que él está experimentando, pero eso no es así. Si tú tratas de reaccionar con cualquiera de estas acciones, ten la seguridad que el cliente se resentirá y perderá su confianza en ti.

El vendedor de éxito es sensible a las ansiedades y temores que el cliente tiene o puede sentir. El cliente va a estar mejor si yo como vendedor le ayudo a sentirse aliviado y le dejo saber que entiendo su preocupación y su ansiedad, algo que el vendedor promedio prefiere ignorar o hacer a un lado, pensando que sus temores son absurdos y sin sentido.

Un mejor camino es la empatía; la habilidad de comprender los sentimientos y estados emocionales de la otra persona. Es lo que comúnmente se conoce como, "ponerse en los zapatos de los demás", o "ver las cosas desde su punto de vista". Sin embargo, esto no significa que debamos pensar igual y estar de acuerdo con sus apreciaciones. *La empatía* es la habilidad de experimentar las emociones de los otros como si fueran propias. El lograrlo nos da un acceso mucho más directo a ellos, y nos permite influir en su decisión de compra de manera más efectiva.

En ningún otro instante a todo lo largo del proceso de las ventas puede la empatía ser más beneficiosa que al momento de responder objeciones, pues ella nos permite apreciar las preocupaciones del cliente desde su punto de vista, al tiempo que le deja ver nuestro genuino interés por entenderle y ser entendidos. Más que un cierre, es una estrategia bastante simple que podemos utilizar para evitar confrontaciones o discusiones vanas y para impedir que una objeción se convierta en una barrera impenetrable. Lo mejor de todo es que logra hacerlo sin que nosotros nos sintamos mal, y sin que la otra persona se sienta mal; y al igual que la idea anterior, consta de tres partes.

Cuando el cliente nos presenta una objeción —el precio está muy alto—, podemos decir algo como: "Yo sé cómo se siente". ¿Qué logra esto? Que el cliente se sienta comprendido. Sicológicamente, estas palabras le ayudan al cliente a sentir que el vendedor comprende su preocupación.

Inmediatamente, podemos decir: —"Yo solía sentirme de esa misma manera" o "Yo sé que otras personas suelen sentirse de esa manera". Esto hace que el cliente entienda que su preocupación es racional, no es la única persona que se ha sentido así, y nosotros entendemos su posición.

Finalmente podemos decir: —"pero permítame mostrarle lo que descubrí…". Y aquí le podemos dar la información adicional que pueda ayudarle a tomar la decisión de comprar.

Vamos a suponer que en medio de nuestra presentación el cliente nos interrumpe abruptamente y nos dice: —"No, pero si yo vi este mismo producto a mitad de precio cerca de aquí".

Calmadamente, bajamos el tono y volumen de la voz y decimos: —"Señora, yo sé exactamente cómo se siente. Yo sé que hay muchos productos de menor precio en el mercado" —esta es la primera parte—.

—"Es más, antes de comenzar a utilizar y vender estos productos, yo solía sentirme de la misma manera. Solía preguntarme: ¿Cómo es posible que el precio allí sea un 50% menos que el nuestro?" Esta es la segunda parte.

—"Pero permítame compartir con usted lo que descubrí. Me di cuenta que es mucho mejor invertir un poco más de lo que inicialmente había planeado y obtener la mejor calidad, en lugar de gastar menos en un producto de menor calidad, que no vaya a responder a mis necesidades y arriesgarme así a perder toda mi inversión".

¿Qué va a decir el cliente? —"No, a mí no me interesa la calidad del producto". "No, yo prefiero pagar menos, así el producto no tenga ninguna garantía, o así yo no reciba ningún tipo de atención", o "no me interesa que el producto solucione mis necesidades". Por supuesto que no, un cliente nunca va a pensar ni expresarse así.

Como ves, lo prudente y apropiado es brindarle al cliente la oportunidad de que reconsidere su posición y que basado en la información que acabamos de suministrarle, tome una nueva decisión.

Es sencillo; *el proceso de las ventas consiste en hacer preguntas para ayudar a nuestros clientes a ver los beneficios y el valor agregado que el producto traerá a sus vidas.* Esta es la manera de crear lealtad en nuestros clientes y edificar una carrera productiva en esta hermosa profesión que son las ventas.

CAPÍTULO 10

El arte de vender, más allá de la venta

———————— ◆◆◆ ◆ ————————

Recomendación No. 10

El vendedor de éxito sabe que el cierre, lejos de ser el final de la venta, es el comienzo de una relación de negocios que puede durar toda la vida. El secreto de una vida productiva y llena de logros en este campo depende de lo que hagamos después de cerrada la venta.

Pues bien, ya hemos visto lo que el vendedor exitoso debe hacer antes de la venta y durante la venta. Ahora es necesario deteneros para comprender lo que ocurre después de la venta, es decir, cómo se desarrolla la relación con nuestros clientes después que esta se realiza, la atención y el servicio que hemos de prestarles y cómo estos nuevos clientes pueden ser fuente de muchas otras ventas y negocios.

Una vez se completa el ciclo de la venta, se inicia una nueva etapa en la relación con el cliente: la posventa —posterior a la venta—. El objetivo de esta fase es solidificar nuestra relación con el cliente. Después de todo, nuestro gran objetivo es crear clientes para toda la vida. Así que si no lo habías pensado, un aspecto muy importante del buen vendedor, es que la venta no es solo entregar el producto y olvidarse del proceso, sin preocuparse de un gran detalle: la satisfacción del cliente cuando el producto ya está en su poder y es hora de disfrutar de los beneficios que le fueron prometidos.

La posventa trae varios beneficios adicionales que se enlistan a continuación y que cualquier vendedor exitoso no debe dejar pasar de largo:

1. La posibilidad de nuevas compras, ya que nuestro producto o servicio continuará siendo consumido en la medida en que su calidad y nuestra atención cree fidelidad en nuestros clientes. Algunos compran por afecto o lealtad tanto hacia el fabricante, como al producto o al vendedor. Son clientes incondicionales, que se sienten tranquilos comprando a un vendedor en quien confían, porque ya conocen la atención que han recibido en el pasado. *Los clientes leales o fidelizados resultan también más dispuestos a escuchar nuevas ofertas, o novedades, o promociones, o productos nuevos que tengamos por ofrecer.*

2. La oportunidad de fortalecer la confianza adquirida. Después de todo, el cliente espera

el cumplimiento de la promesa de atención y servicio que realizamos durante el proceso de venta. *El cumplir nuestra parte reafirma la confianza que llevó al cliente a tomar su decisión de compra y facilita la generación de nuevos negocios.* Si seguimos llamando a nuestro cliente, si lo seguimos visitando, no va a sentirse solo, por el contrario adquiere la seguridad que siempre una empresa, o un vendedor, o una marca están ahí para atenderlo y asesorarlo cada que lo requiera.

3. Es el mejor momento para obtener referencias que puedan generar oportunidades de nuevas ventas. Un cliente satisfecho puede ser el camino hacia la realización de otras ventas con nuevos clientes que forman parte de su círculo de influencia. Es decir, *el servicio de posventa ayuda a fidelizar a los clientes antiguos y seguramente brindará la posibilidad de conseguir unos nuevos,* gracias a las referencias positivas que nuestro cliente satisfecho puede difundir.

Uno de los errores más comunes cometido por muchos vendedores es creer que la venta termina en el momento en que el cliente sale de nuestro establecimiento con el producto, o ha firmado la orden de pedido. Muchos de ellos se olvidan instantáneamente de ese cliente, e inmediatamente salen en busca del siguiente prospecto.

Y realmente es aquí cuando tenemos la oportunidad de crear un cliente para toda la vida. Es cuando debemos dar toda la atención y el servicio que le prometimos cuando hicimos nuestra presentación antes de haber cerrado la venta.

A cuántos les ha pasado que un cliente ha comprado su producto, y un par de días después llama para cancelar la compra. ¿Qué pasó? Simplemente el cliente lo pensó un poco más y decidió que no era el producto que quería comprar, es decir, a pesar de haberlo comprado aún no estaba totalmente seguro y convencido de que era el producto que realmente necesitaba, o simplemente cree poder encontrar un mejor producto en otro lugar.

En la mayoría de los casos esto sucede porque el cliente tomó una decisión puramente emocional o puramente lógica, y por ende, aparece la duda acerca de si tomó o no la mejor decisión, situación que fácilmente puede llevarlo a cambiar de parecer. Bueno, ahora bien, cabe también pensar que esto suele suceder con productos de alto precio como automóviles, electrodomésticos o inmuebles, entre otros, porque cuando incurrimos en gastos altos tratamos de buscar la aprobación de otras personas con el fin de estar seguros acerca de la decisión que tomamos, y si no encontramos dicha aprobación, seguramente cambiaremos de opinión.

Pero lo que pocas personas consideran es como vendedores podemos fácilmente encargarnos de darle esa aprobación tan necesaria al cliente. ¿Cómo? Zig Ziglar, conocido como el maestro de la motivación en las ventas, ofrece una idea extraordinaria.

Después de haber realizado una venta, podemos tomar una hoja o una tarjeta, y de nuestro puño y letra, escribir una nota que diga algo así:

"Quiero agradecerle su cortesía, y la confianza que depositó en mí el día de ayer. Fue de gran agrado el que usted haya podido visitarnos. Me siento orgulloso de que ahora esté utilizando nuestro producto y estoy absolutamente seguro de los grandes beneficios y excelentes resultados que éste le proporcionará.

Más adelante estaré en contacto con usted para ver si puedo serle de alguna ayuda. Sin embargo, si por algún motivo requiere de mis servicios, siéntase en plena libertad de ponerse en contacto conmigo en cualquier momento. Gracias y nuevamente felicitaciones por su decisión".

Observa la cantidad de imágenes de seguridad y confianza que esta nota deja entrever o dibuja: gracias por la confianza que depositó en mí, estoy orgulloso de su decisión, estoy absolutamente seguro de los grandes beneficios y excelentes resultados… Todas estas palabras y expresiones transmiten seguridad, convicción y certeza, son emociones positivas, las cuales seguramente lo harán sentir mucho más tranquilo y eliminarán cualquier duda que el cliente pueda tener sobre su decisión. *Esta pequeña nota o notas similares, no solo aumentarán la seguridad y confianza de tus clientes en la decisión que han tomado, sino que te volverás inolvidable para ellos.*

Otra cosa que puedes hacer es llamar a tus clientes unos días después para preguntarles cómo se sienten experimentando todos los beneficios de tu producto, o si hay algo más que puedas hacer por ellos.

El dar la cara para comprobar si los beneficios ofrecidos durante el proceso de venta se lograron, se superaron o no llenaron las expectativas del cliente es un paso lógico a dar. Sin embargo, a muchos vendedores les da pánico, no miedo, sino terror llamar a sus clientes. El temor se da porque fácilmente el vendedor cree que el cliente puede haber encontrado algún aspecto que no llena sus expectativas, esté pensando en devolver el producto, o haya experimentado algún problema con él o tenga alguna queja. Entonces, para qué llamar y darle la oportunidad al cliente de quejarse de cualquier cosa. Después de todo si no hay malas noticias, eso son buenas noticias.

Pero esto no es necesariamente cierto. Como vimos, el 96% de los clientes insatisfechos nunca se quejan acerca del pobre servicio o la mala atención. Piensan que de nada servirá y sus quejas serán ignoradas. Por ello consideran una pérdida de tiempo el quejarse.

Así que *no llamar a un cliente después de cerrada la venta para evitar enterarte de algún problema no hace que el problema desaparezca; lo que sí va a hacer es que el cliente desaparezca.*

Si no contactas a tu cliente simplemente para evitar escuchar una queja, y esta queja existe, has perdido por partida triple: primero, has perdido al cliente; segundo, has perdido la oportunidad de futuras ventas y tercero, has perdido la oportunidad de conocer y aprender algo acerca de tu producto o servicio que tu cliente te pudo haber informado. Lo que quiere decir que tu próxima presentación no será mejor que la anterior, porque no tendrás un antecedente, o una opinión de tu cliente que te haya dado la oportunidad de mejorarla.

Cuando llames a un cliente no hay sino dos respuestas posibles. Si no hay ningún problema y el cliente está satisfecho con su producto, la respuesta será un ¡fantástico!

Si hay algún problema o alguna queja, excelente también, porque ahora tienes la oportunidad de mostrarle al cliente que cuando durante la presentación, le dijiste que estarías ahí para ayudarlo, le estabas diciendo la verdad. Eso afianzará la confianza que depositó en ti e iniciará la construcción de una relación de negocios productiva y duradera, es decir, estarás creando un cliente para toda la vida.

Nuestros clientes, ¿ayudan a aumentar nuestras ventas?

Otro aspecto importante al que quiero referirme y que también sucede después de la venta, aunque en ocasiones puede suceder durante la venta, es al hecho de aumentar nuestras ventas a través de los clientes existentes. Siempre se puede vender más. Y las dos únicas maneras de hacerlo son: o venderles más a nuestros actuales clientes o buscar nuevos prospectos. La ventaja de aquellas personas que ya son clientes nuestros es que ya conocen nuestra empresa y la calidad de nuestro producto. Además, nos conocen y confían en nosotros, lo cual facilita el generar más negocios con ellos que con alguien que no nos conoce.

Hay cuatro maneras para generar nuevos negocios y más ventas a través de nuestros clientes existentes.

Mantener el interés de los clientes y venderles en mayor cantidad, que es la más obvia; en otras palabras, aumentar el pedido. Para esto no tienes ni siquiera que esperar a cerrar la primera venta. Lo puedes hacer durante tu presentación.

Hay varias formas de lograrlo. Puedes ofrecerle al cliente la opción de comprar accesorios o productos complementarios al producto que ya ha adquirido.

Cuando compré mi última computadora portátil, después que el vendedor tomó la orden, me preguntó dónde la utilizaría con mayor regularidad. Yo le dije que en los aviones puesto que viajaba mucho. ¿Qué hizo él? Me ofreció una batería extra en caso de que la primera se me acabara en mitad de vuelo. En quince segundos aumentó la orden en doscientos dólares.

Otra manera de aumentar el pedido es ofrecerle al cliente la opción de adquirir un mejor producto o servicio.

Recientemente estaba comprando una bicicleta. Me gusta mucho montar en bicicleta, así que fui a comprar una nueva, aprovechando una promoción. Cuando ya había decidido comprar la que tenía una gran rebaja, y estaba listo a pagar, la vendedora se aseguró de mencionarme que por solo $85 más podría comprar el último modelo de esa misma bicicleta. Esta pesaba tres libras menos y presentaba mejoras que se le habían realizado al modelo anterior. En un minuto el valor de la venta subió casi un 30%.

¿Y sabes qué? Para hacer esto no se necesita ningún tipo de artimañas ni tácticas de presión. Lo único que se necesita es hacer preguntas sencillas y disponerse a escuchar al cliente.

Las compañías que han llevado esta estrategia a su máxima expresión, saben que entre más sencilla sea la pregunta, mucho mejor. Un gran ejemplo son los restaurantes McDonald's. Cuando el cliente pide un combo en McDonald's, el empleado simplemente pregunta, "¿Lo quiere con papas fritas grandes?"

Imagínate esa pregunta, cuando está uno con hambre y lleva diez minutos haciendo fila, esperando a que le tomen la orden. ¡Claro que sí! y entre más grandes mejor". De esta manera cien mil empleados de McDonald's le piden permiso a millones de clientes cada día para incrementar el valor de su compra.

Si la diferencia entre las papitas pequeñas y las grandes es de 30 centavos, y estamos hablando de tres o cuatro millones de clientes cada día, eso representa más de un millón de dólares diarios en ventas extras, por el solo hecho de haberle pedido permiso al cliente de venderle más.

La segunda manera de aumentar las ventas mediante los clientes existentes es aumentar la frecuencia con que ellos ordenan productos de nosotros. Y una forma muy común que utilizan muchas empresas para aumentar la frecuencia de consumo es ofrecer a sus clientes incentivos asociados al uso.

En la industria de las aerolíneas es común ganar millas por cada nueva compra. Muchas tiendas y cadenas de supermercados ofrecen puntos por cada compra, los cuales pueden ser redimidos después. Las tiendas de libros, imprimen un cupón de descuento automáticamente con el recibo de caja que dan al cliente cuando compra. Imagínate lo que esto hace. Acabas de comprar un libro y recibes un cupón de un 30% de descuento por tu próxima compra, válido por un mes. Una gran mayoría de las industrias poseen este tipo de programas de premio a los clientes frecuentes.

Entonces, examina tu producto, tu oferta y mira qué tipo de incentivos puedes ofrecer a tus clientes para aumentar la frecuencia de orden; y no tiene que ser nada grande, ni costoso. Es increíble la cantidad de personas que comprarán 100 dólares más por llevar algo gratis que solo vale 5 dólares.

Una tercera manera es *ofrecer a nuestros clientes actuales la oportunidad de comprar otros productos o servicios que puedan necesitar.* Un gran ejemplo de esto es una iniciativa bastante ingeniosa que puso en práctica una tienda de ropa en el estado de Connecticut, llamada "Mitchell of Westport".

Ellos toman fotografías de las prendas que sus clientes compran y las colocan en un álbum especial que realizan para cada uno de sus clientes. Cuando llegan nuevos trajes o nuevos estilos que se asemejan al estilo de vestir del cliente, el vendedor simplemente le da una llamada y le deja saber sobre estos nuevos productos, invitándolo a la tienda a que los examine.

Finalmente, una cuarta manera de aumentar nuestras ventas a través de nuestros clientes actuales es pedirles que recomienden nuestro producto a aquellos que ellos conozcan y que saben que pueden estar interesados y pueden necesitar nuestro producto o requerir nuestros servicios.

Recuerdo una campaña publicitaria de una isla del Caribe que decía: "turista satisfecho trae más turistas". Es simple, un cliente satisfecho es la mejor referencia que podemos tener para atraer nuevos clientes. Lo único que esto requiere es que tú le preguntes a quién conoce él o ella que esté buscando estos mismos beneficios.

Actuemos siempre con profesionalismo y cortesía, demostremos que estamos genuinamente interesados en ayudarles a nuestros clientes y a solucionar sus problemas, preocupémonos por adquirir el hábito de ofrecerles la mejor atención y el mejor servicio posible. *Si buscamos siempre sorprenderlos, dándoles más de lo que ellos esperan, ten la plena seguridad de que no solo tendremos clientes para toda la vida, sino que ellos mismos se encargarán de asegurarse de que triunfemos.*

Estoy totalmente convencido de que estos conceptos y sugerencias pueden ayudarte, a multiplicar tus ventas, a tener una carrera exitosa en esta maravillosa profesión, y a desarrollar relaciones positivas con todas aquellas personas con quienes entres en contacto.

No lo olvides, una vez realizada una compra no dejes pasar mucho tiempo sin comunicarte con tu cliente y preguntarle por su opinión y experiencia con el producto que te compró, y ofrecer tus servicios para colaborarle de nuevo si lo requiere. No dejes nunca de escuchar sus quejas, sus sugerencias y de responderle, de manera que se sienta satisfecho y no pierdas tu credibilidad. *De otra parte intenta hacer de esas quejas y objeciones herramientas de superación y mayor efectividad en tus próximas presentaciones y por ende lograr los mejores resultados con tus nuevos clientes.*

UNA HISTORIA EXITOSA GRACIAS A NUESTRAS RECOMENDACIONES

Las historias siempre nos han despertado la imaginación, pero también nos han dado a conocer principios, recomendaciones, experiencias, que de una u otra forma nos han dejado enseñanzas aplicables para la vida. Entonces, repasa de nuevo las recomendaciones que se convirtieron en el tema de cada uno de los capítulos, y para hacerlo, te recomiendo continuar con la lectura de la historia de José, aquel niño con quien iniciamos nuestro libro y que gracias al forastero desconocido aceptó sus habilidades y aprendió a usarlas para su bien. Presta atención y percibe todo aquello que creas necesitar para tu gran cambio de un buen vendedor a un exitoso vendedor. ¡Adelante…!!

> **Recomendación No. 1.** *Todos somos vendedores.*
> *Seamos conscientes o no de ello, todos estamos*
> *vendiendo constantemente, ya que vender no*
> *se limita a la oferta de un producto; también*
> *incluye el ofrecimiento de servicios, ideas, talentos*
> *o habilidades. La única diferencia entre el*
> *gran vendedor y el vendedor promedio es que*
> *el primero está dispuesto a hacer todo lo que el*
> *segundo no haría.*

¿Qué significa para mí esto que acabo de leer? Era claro que lo que su padre había tratado de hacer una y otra vez era venderle la idea de que él poseía el talento y las habilidades para triunfar en cualquier cosa que se propusiera. No obstante, en lugar de aceptar esta idea, él había continuado enfocándose en sus debilidades, ignorando sus fortalezas, y asumiendo que esa grandeza de la cual hablaba su padre, seguramente se encontraba en otros, pero no en él.

¿Qué he estado vendiendo hasta ahora? Fue la primera pregunta que se hizo José después de leer este primer gran principio. Podía escuchar las palabras de su padre retumbando en el interior de su mente: "dentro de ti existe un gigante, capaz de alcanzar cualquier cosa que te propongas. Cuando tú creas esto, cuando aceptes la inmensidad de tu ser y dejes de dudar de tus capacidades, verás a este gigante en acción".

Y algo sorprendente había ocurrido realmente desde el preciso momento en se convenció que él de verdad poseía las cualidades que podían convertirlo, no solo en un gran vendedor, sino en el triunfador que siempre había querido ser. Desde aquel instante sus temores y dudas habían comenzado a desaparecer. Una fuerza y seguridad interior pareció apoderarse de él. Sus aparentes debilidades se convirtieron en retos, y sus sueños, por primera vez, parecían más factibles y realizables que nunca.

José pensó en las interminables horas que había pasado en la plaza buscando en el comportamiento de los comerciantes, lo que siempre estuvo dentro de él. Por un momento se vio a sí mismo como uno de aquellos hombres que, cegados por su propia ignorancia, saltaban a las aguas sucias en busca de un tesoro que no estaba allí.

En aquel instante, José se hizo la promesa de despertar a ese gigante que tanto su padre como aquel extraño habían reconocido en él.

> ***Recomendación No. 2.*** *El vendedor de éxito sabe que su capacidad para alcanzar mayores logros solo está limitada por su disposición para crecer y desarrollar sus habilidades de manera continua. Aprender es la clave del éxito en las ventas, y es una actividad que dura toda la vida. Por esta razón, el buen vendedor se asegura siempre de invertir parte de su tiempo y de su dinero en su crecimiento y desarrollo personal y profesional.*

Cuando José leyó este principio, se sintió muy satisfecho de saber que aquello a lo que él había prestado tanta atención —su crecimiento y el aprendizaje de las claves del éxito en las ventas—, y a lo que tanto tiempo había dedicado en la plaza del mercado, era uno de los principios más importantes del éxito.

Desde pequeño, su padre había infundido en él un profundo amor por aprender. "Mientras que la persona de éxito busca siempre aprender más y más, la persona promedio continúa tratando de descifrar cuál podrá ser la clave del éxito", le había dicho. — "Si deseas ser un gran vendedor deberás invertir parte de tu tiempo en aprender, entender y poner en práctica todos aquellos hábitos que caracterizan a la persona de éxito".

Esto lo había inspirado a ir semana tras semana a observar a aquellos vendedores excelentes y tomar notas sobre lo que los diferenciaba del resto de los comerciantes. — "El éxito siempre deja huellas José. Todo lo que tienes que hacer es estar dispuesto a buscar y reconocer lo que ha hecho grandes a otras personas. Recuerda que si otros han logrado lo que tú buscas, quiere decir que tú también puedes lograrlo".

Ciertamente, su padre había sido un gran estudiante del éxito. En cierta ocasión, José le había preguntado qué lo motivaba a continuar aprendiendo, aún después de todos los logros que había alcanzado. Su respuesta fue una de esas enseñanzas que el joven siempre guardó en su corazón: —"Hijo, lo más probable es que en este preciso momento, yo haya llegado lo más lejos posible con el conocimiento con que ahora cuento. Si deseo ir aún más lejos de donde ahora estoy, solo lo podré lograr, obteniendo y asimilando nuevos conocimientos". Desde ese momento, él había tomado la firme decisión de ser un estudiante asiduo del éxito, y nunca dejar de aprender mientras viviera.

> **Recomendación No. 3.** *Uno de los objetivos del buen vendedor es encontrar la mejor manera de invertir y aprovechar su tiempo. Tanto el vendedor exitoso como el vendedor promedio cuentan con 24 horas al día; solo que mientras los triunfadores aprenden a administrar su tiempo con efectividad, por considerarlo su recurso más valioso, los demás lo gastan en trivialidades y actividades de poca importancia.*

Una de las condiciones del vendedor eficiente es el manejo adecuado del tiempo, lo que implica organización estricta de las tareas y actividades por realizar, de manera que se llegue a la mayor productividad con los mejores resultados posibles, y máxime con las condiciones mundiales de la actualidad que exigen esfuerzo, dedicación y excelentes resultados.

Pensando en dicha organización fue como José pudo advertir que la mayor diferencia entre el vendedor exitoso y el resto de comerciantes era la manera en que organizaban su tiempo. Mientras los primeros estaban listos con sus tiendas y mercancías mucho antes que los compradores llegaran al mercado, otros, aún se encontraban armando sus tiendas y preparando sus productos, mucho después de que la multitud ya se había apoderado del lugar.

Esta pobre administración del tiempo por parte de los vendedores del común ocasionaba que perdieran innecesariamente un gran número de ventas debido a la manera tardía como solían instalarse. Fuera de eso, ellos parecían siempre estar en el lugar equivocado, dedicando las horas más productivas de la jornada a actividades de poca relevancia, mientras que lo verdaderamente importante solía pasar desatendido. Sus clientes, cansados de esperar para ser atendidos, se marchaban a otras tiendas, sin que el agobiado vendedor tan siquiera se hubiera percatado de su presencia. Tan ocupado había estado, preparándose para vender, que había perdido el cliente y la venta.

Curiosamente, pensó José, muchas personas emplean más tiempo en prepararse "para hacer" que "en hacer". Otras, sucumbían ante las urgencias de la jornada, ignorando aquellas actividades que por su importancia debían gozar de mayor prioridad.

Qué gran enseñanza contenía esta revelación. Ciertamente, tanto el triunfador como el fracasado cuentan con 24 horas al día. La mayor diferencia entre ellos está en la manera como deciden utilizar ese tiempo. —"El tiempo es oro", solía decirle su padre cuando sentía que él estaba malgastando su día. —"No derroches tu tiempo pensando en el ayer. El ayer es un cheque cancelado. No disipes tu tiempo pensando demasiado en lo que vas a hacer en el futuro. El futuro es un vale por cobrar. Actúa hoy. El presente es oro puro. Así que aprende a invertirlo sabiamente".

> ***Recomendación No. 4.*** *La regla de oro en las ventas no es tratar a los demás como nosotros deseamos ser tratados, sino como ellos desean ser tratados. Cada ser humano procesa la información de manera diferente, toma decisiones y responde a lo que escucha de forma distinta. El vendedor exitoso busca siempre personalizar el trato que da a sus clientes y armonizar su estilo de comunicación con el de ellos.*

Después de leer esta recomendación, José pensó en el peculiar reto que presentaba este principio.

Él también había escuchado de labios de su padre la famosa regla de oro de "tratar a los demás como nosotros queremos ser tratados". No obstante, tratar a los clientes como ellos desean ser tratados, presenta un desafío especial: tomar el tiempo para descubrir cómo es que cada cliente prefiere ser tratado. ¿Son efusivos o reservados? ¿Hablan mucho o prefieren ir directo al grano? ¿Les gusta que los traten con familiaridad y confianza o prefieren una relación de negocios formal y más distante?

Después de mucho observar las diferentes personalidades y temperamentos que caracterizaban a compradores y vendedores, era claro que una de las responsabilidades más importantes de quien quisiera triunfar en el campo de las ventas, consistía en desarrollar la habilidad de interactuar con cada individuo de tal forma que no chocara con su personalidad y manera de ser.

En más de una ocasión, había sido testigo de las graves consecuencias de asumir que todo el mundo desea comunicarse e interactuar de la misma manera que nosotros queremos hacerlo. Muchos de los vendedores que mostraban excesiva confianza con algunos de los compradores que se acercaban a sus mesas, veían como estos, prontamente seguían su camino, considerando este exceso de familiaridad una insolencia con ellos. Rápidamente, el joven aprendiz de vendedor escribió la nueva regla de oro: "tratar a las personas como ellas desean ser tratadas".

> *Recomendación No. 5. El vendedor de éxito es consciente que cuando él habla, todo su cuerpo habla. Sabe que si no hay armonía y correspondencia entre los tres aspectos de su mensaje —lo que dice, cómo lo dice y su lenguaje corporal— tendrá menos oportunidades de llegar a la mente de su interlocutor y disminuirá el nivel de credibilidad de su cliente en él y en su mensaje.*

—"¡Camina siempre con paso firme y la frente en alto!", "un saludo hace o deshace un negocio", —"recuerda que no es lo que digas sino cómo lo digas". José recordaba escuchar una y otra vez de su padre estos y muchos otros adagios y proverbios que, en conjunto, ponderaban esta misma idea que ahora leía en esta recomendación: cuando hablamos todo nuestro cuerpo habla.

Esto había sido precisamente lo que había llamado su atención el día anterior, cuando aquel anciano se había parado a hablar en la mitad de la plaza. Era fácil ver ahora por qué había logrado cautivar la atención de tantas personas de manera casi instantánea.

Contrario a la algarabía y gritos con que muchas veces se expresaban los mercaderes, él había optado por hablar pausada y calmadamente. El ritmo de su voz y la sencillez y colorido de sus palabras invitaban a escuchar. Sin llegar a intimidar, su mirada siempre estuvo puesta en aquella persona a la cual se dirigía. Sus manos y su cuerpo se movían de tal manera que parecían infundir una fuerza especial en sus palabras. Nunca perdió su compostura, inclusive cuando algunos de los allí presentes hicieron algún comentario satírico frente a sus palabras.

Ciertamente, no había sido una sola cosa lo que había logrado cautivar la atención de aquellos que pusieron de lado lo que estaban haciendo para escuchar lo que él tenía que decir.

José sintió que de todos los principios que hasta ahora había leído, este, más que cualquier otro, reflejaba la actitud de aquel hombre. Era indudable que cuando él hablaba, toda palabra, movimiento, gesto y expresión dejaban ver la convicción que sentía por lo que estaba diciendo.

> **Recomendación No. 6.** *El proceso de la venta consta de dos etapas. La primera consiste en establecer la conexión con nuestros clientes, de manera que ellos sepan que nosotros somos la persona más indicada con la cual ellos pueden realizar sus negocios. Una vez hayamos logrado esto, podemos pasar a la segunda etapa, que consiste en la presentación y venta de nuestro producto o servicio.*

¿Qué hacía que ciertos comerciantes lograran vender todas sus mercancías, mientras otros tenían que regresarse a casa sin haber podido vender la mitad de sus productos? Al joven aspirante a vendedor no solo le interesaba saber qué distanciaba al vendedor exitoso del vendedor común y corriente, sino cuál era la diferencia entre el vendedor excelente y el extraordinario. En cierta ocasión decidió emplear toda una mañana observando a dos mercaderes que ofrecían esencialmente los mismos productos, y cuyas tiendas se encontraban una al lado de la otra.

Después de unos momentos de observar y escuchar a los dos hombres, José determinó que los dos conocían a fondo las características de su producto. Tanto el uno como el otro parecían saber al dedillo cuáles eran sus beneficios. Y a pesar de que ambos presentaban sus argumentos con convicción, era evidente que uno de ellos tenía mayor facilidad para persuadir a aquellos compradores que se acercaban a su tienda.

Intrigado por esto, José decidió prestar mayor atención, no a los argumentos de los vendedores, sino a la manera como se relacionaban las personas con cada uno de estos comerciantes desde un comienzo. Eso le permitió al joven descubrir claras diferencias entre los dos mercaderes. Mientras uno de ellos —el que menos suerte parecía tener con los clientes— los abordaba apresuradamente presentándoles los atributos, beneficios y ventajas de su producto, el otro parecía más interesado en conocer a la persona, entablar una conversación casual con ella, y escuchar qué era específicamente lo que buscaba.

Hacia el final de la jornada, y después de observar cómo, uno tras otro, la gran mayoría de compradores terminaba comprando en la tienda del segundo comerciante, José pudo confirmar la gran sabiduría encerrada en este concepto. El vendedor de éxito sabe que el primer paso en la venta debe ser el ganarse la confianza de sus clientes, de manera que ellos sepan que pueden estar seguros negociando con él.

> **Recomendación No. 7.** *El vendedor que triunfa sabe cuáles son las razones más comunes que impiden que las personas compren. Él entiende que su papel más importante es ayudar a sus clientes a eliminar sus propias objeciones. Su principal objetivo es crear una atmósfera de confianza por parte del cliente tanto hacia él como vendedor, como hacia las características y beneficios del producto, donde le sea fácil al cliente tomar la decisión de comprar.*

Después de observar, semana tras semana, a los cientos de comerciantes que se daban cita en el mercado para ofrecer sus productos, José pudo notar que en la mayoría de los casos el comprador, obviamente interesado, decidía no comprar, y que la razón de su negativa tenía menos que ver con el producto o el precio y mucho más con el vendedor.

Muchos vendedores simplemente no se tomaban la molestia de escuchar a sus clientes. No se interesaban en descubrir sus necesidades y parecía importarles poco las objeciones o preocupaciones que ellos pudieran tener. Algunos de ellos llegaban a la desvergüenza de no saber cómo responder ante tales objeciones. Actuaban como si hubiese una fuente inagotable de posibles clientes y solo fuese cuestión de tiempo antes que todas sus mercancías se vendieran. Su arrogancia y terquedad ocasionaba que al final de la tarde, muchos de ellos debieran partir con gran parte de su mercadería sin haberse vendido.

Era fácil distinguir a los vendedores experimentados. Sus mesas estaban siempre llenas de compradores satisfechos. Muchos eran clientes asiduos que regresaban fielmente cada semana, quizás por afecto o lealtad, o tal vez porque sentían que podían confiar en aquella persona. Y por esto, asombrosamente, llegaban incluso a pagar un precio algo mayor que lo que pudieran obtener en otras tiendas.

Cierto día, José se propuso descubrir qué los hacía especiales. ¿Cómo procedían con un cliente nuevo? Lo que observó no lo sorprendió. Ellos sabían cuáles eran las objeciones, preguntas o inquietudes más comunes que se presentaban y estaban siempre preparados a responderlas. Sin embargo, sabían escuchar con atención, y respondían con sinceridad y empatía.

Cuando regresó a casa aquella noche y compartió con su padre lo que había aprendido ese día, él confirmó la sabiduría de sus observaciones. —"El vendedor de éxito no permite que las objeciones lo tomen por sorpresa. Él está siempre preparado y conoce cuáles son las objeciones más frecuentes. De esa manera, cuando se le presente una, puede sonreír y decir: 'me alegra que haya preguntado eso'. José, si deseas ser un gran vendedor debes acostumbrarte a ver cada objeción como una señal silenciosa de que el cliente se va acercando a tomar la decisión de comprar. Un cliente sin ninguna objeción es muy probable que no esté interesado en el producto; así que bienvenidas las objeciones".

> ***Recomendación No. 8.*** *El gran vendedor conoce su producto y le ayuda a su cliente a enfocarse en los beneficios que este traerá a su vida. También sabe que la mayor diferencia entre él y la competencia está en la manera como atienda a sus clientes. Si presta una atención especial a sus necesidades y preocupaciones, y ofrece un gran servicio, podrá contar con clientes para toda la vida.*

Poco después que José comenzara a frecuentar el mercado y a observar el comportamiento de los distintos comerciantes, pudo determinar que el conocimiento del producto no era necesariamente el factor que marcaba la diferencia entre el vendedor exitoso y el vendedor promedio. Un tanto desconcertado por esta observación, se puso en la tarea de determinar qué tanto influía en la decisión del cliente el conocimiento que el vendedor tuviera del producto. Los resultados confirmaron su conclusión inicial: este no parecía influir en la decisión del cliente en más de un 10%.

La decisión del cliente de comprar o no el producto parecía estar influenciada en mayor medida por la actitud y la capacidad del vendedor para comunicar con entusiasmo dicho conocimiento. Era evidente que el vendedor poco exitoso, aquel que no había cosechado mayores éxitos, muchas veces conocía el producto tan bien como el vendedor exitoso que semana tras semana veía prosperar su negocio. Los dos parecían conocer su producto con igual propiedad.

Sin embargo, en algún momento a lo largo del proceso de negociación, el cliente escogía a uno y no al otro.

En aquel momento José llegó a dos conclusiones muy importantes. Primero, que todos los vendedores transformaban el producto que ofrecían según cómo decidían presentarlo y en qué decidían enfocarse. Él pudo observar que mientras el pobre vendedor solía limitarse a dejarle saber a sus clientes las características del producto, el vendedor exitoso prefería enfocarse en los beneficios que su producto le proporcionaría.

De igual manera, pudo notar que la mayoría de los compradores prefería hacer negocios con aquellos vendedores que estuvieran dispuestos a escucharles y a tratarlos con especial atención.

El joven aspirante a vendedor se aseguró de grabar en su mente la gran lección que había aprendido aquel día: *"La clave del éxito está en la atención que demos a nuestros clientes".*

> ***Recomendación No. 9.*** *El vendedor exitoso sabe que el objetivo de su presentación es cerrar la venta. Las objeciones, lejos de ser negativas, son muestra del interés del cliente en su oferta. El cierre es la prueba final de que el vendedor ha hecho un excelente trabajo, y que si el cliente ha decidido que el producto responde a sus necesidades, entonces está listo para comenzar una relación comercial.*

José tenía muy claro que el objetivo de todo vendedor es lograr la venta. Después de mucho observar cómo ocurría la negociación entre comerciantes y compradores, había llegado a entender dos cosas: primero, entre más claridad tuviese el cliente en cuanto a sus necesidades, el producto que buscaba y el precio que estaba dispuesto a pagar, más fácil solía ser el proceso de venta. Segundo, que este no era siempre el caso. Muchos clientes no sabían lo que querían, no tenían claridad acerca de sus necesidades o ignoraban el precio indicado que debían pagar. Toda esta incertidumbre se prestaba para que la negociación se convirtiera muchas veces en una verdadera discusión de sordos.

En cierta ocasión, cuando José le comentó a su padre lo furiosos y enojados que solían ponerse algunos mercaderes ante las preguntas y objeciones presentadas por sus clientes, él respondió: —"Muchos vendedores ignoran lo que es vender. No saben que son esas objeciones las que hacen necesaria su presencia".

Luego le dijo algo que nunca había olvidado: —"La venta no comienza hasta tanto el cliente no presente una objeción. Las objeciones abren el camino al diálogo, involucran al cliente en el proceso de negociación, y representan preocupaciones, inquietudes, o dudas reales que pueda tener. Todo lo cual es positivo, ya que si él no estuviese interesado, nada le preocuparía, ni requeriría más información".

"Una objeción no es más que la manera como el cliente busca lidiar con dos de sus temores más básicos: el ser presionado a comprar algo que no necesita, o el tomar la decisión equivocada respecto a la compra. Toda objeción es síntoma de algún temor. La mejor manera de responder a ella es identificando el temor que oculta, buscando entenderlo desde el punto de vista del comprador y ayudarlo luego a enfocarse en los beneficios que el producto le proveerá.

> *Recomendación No. 10.* *El vendedor de éxito sabe que el cierre, lejos de ser el final de la venta, es el comienzo de una relación de negocios que puede durar toda la vida. El secreto de una vida productiva y llena de logros en este campo depende de lo que hagamos después de cerrada la venta.*

Cierto día en que José se hallaba caminando por las desoladas calles del pueblo se encontró con Rafael, un viejo amigo de su padre, quien le reconoció a la distancia y le invitó a caminar junto con él. Rafael era un comerciante apreciado y respetado por todos aquellos que le conocían. Su reputación se extendía mucho más allá de los límites de la región, y había quienes no hacían negocios a menos que fuera con él.

En varias ocasiones, durante los días de mercado, José se acercó a su tienda tratando de descubrir qué había de especial en el trato que él daba a sus clientes. Siempre, cordial, el viejo comerciante compartía valiosas lecciones con el aprendiz de vendedor e hijo de su buen amigo.

Leyendo el enunciado de esta última recomendación, José recordó la gran lección que había aprendido aquella tarde al lado de Rafael.

—"Te he invitado a que camines conmigo", le había dicho, "porque creo que hoy tendrás la oportunidad de aprender una de las más importantes lecciones para ser un vendedor de éxito".

—"¿Vas en camino a hacer algún negocio?", le había preguntado José con cierta curiosidad.

—"No, este es un viejo cliente que hace unos días compró un nuevo arado para su granja y simplemente quiero visitarlo para saber cómo le está funcionando. Él no estaba muy seguro de adquirirlo, a pesar de que, después de escuchar sus necesidades, yo estaba totalmente convencido que era lo que él necesitaba. Al final, él decidió comprar aquel arado porque confió en mí. Por eso he querido ir a visitarlo".

—"¿Si ves José?, muchos vendedores olvidan que una de las partes más importantes del arte de vender es lo que hagas una vez cerrada la venta. Ellos están tan ocupados pensando en las ventas de la semana siguiente, que olvidan que un cliente satisfecho, no solo volverá una y otra vez, sino que nos recomendará con otras personas y generará muchos más negocios para nosotros".

Era indudable que Rafael conocía los principios y claves de un excelente y exitoso vendedor. Ahora era él quien debía ponerlos en práctica como su padre le había aconsejado.

———— ◆◆◆◆ ————

Hemos llegado al final de nuestra lectura, al final de una nueva oportunidad para aprender y al final de nuestra historia. Es el momento ahora de crear tu nueva y propia historia. Gracias por tu tiempo y, como siempre, ¡nos vemos en la cumbre del éxito!

www.ingramcontent.com/pod-product-compliance
Lightning Source LLC
Chambersburg PA
CBHW031852200326
41597CB00012B/384